한 발 앞선 부모는
인공지능을
공부한다

한 발 앞선 부모는 인공지능을 공부한다

이명희 지음

BM (주)도서출판 성안당

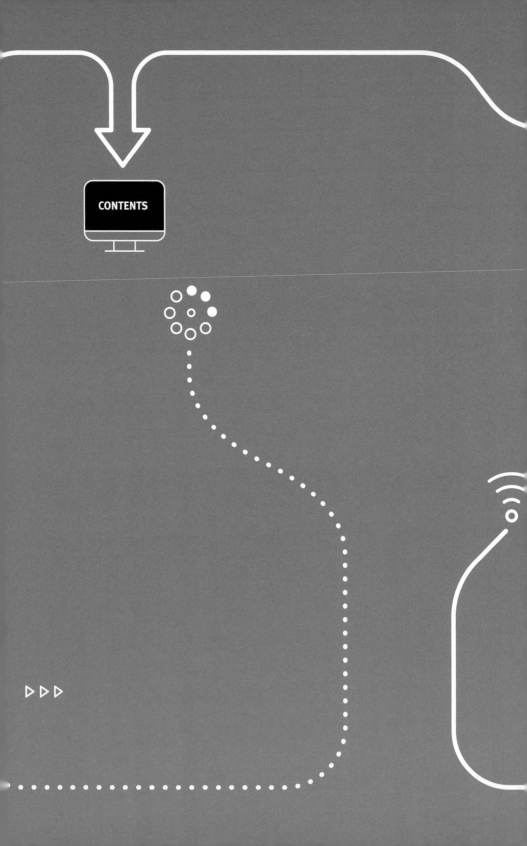

CONTENTS

Chapter 04

인공지능 공부,
무엇을 하면 좋을까요?

내 아이 잘 키우고 싶으시죠? 이는 모든 부모의 바람이지 않을까 싶습니다. 저 또한 마찬가지예요. 저희 아이가 잘 커서 행복하게 살면 좋겠습니다. 물론 잘 큰다는 말과 행복이라는 의미에 대해서는 저마다 기준이 다를지도 모르겠습니다. 그러나 내 자식이 고생스러운 일을 하지 않고 이왕이면 경제적으로도 풍족하게 살면서 하고 싶은 일들을 하며 살기 바라는 것. 이것은 모든 부모가 자식을 위해 바라고 또 바라는 마음이 아닐까요.

그러다 보니 우리 부모들은 내 아이를 위해 교육을 하지 않을 수 없습니다. 학창시절, 정작 우리는 공부하라는 부모님의 잔소리가 그토록 싫었으면서도 말이죠. 게다가 요즘 부모들을 보면 우리네 부모들보다 더하면 더했지 덜하지는 않은 것 같습니다. 우리 때는 없었던 '엄마표 교육'이라는 말이 일상용어가 되고, 가정으로 선생님이 직접 방문하는 방문 미술, 방문 체육, 방문 놀이 등 유아 때부터 아이들을 위한 부모들의 교육은 대단히 적극적이지요. 대학교 등록금과 맞먹는 비싼 원비를 들여 영어 유치원이나 놀이 학교를 보내는 부모가 많다는 것은 이젠 놀랍지도 않은 일입니다.

저는 아이들 교육을 위해 적극적으로 헌신하는 부모들을 보면 대단하다는 생각이 듭니다. 직접 아이를 교육하든 아이를 학원에 보내든 아이에게 과외를 시키든 그 어느 것 하나 에너지와 돈이 들지 않는 것이 없기 때문입니다. 아무리 자식이라 한들 부모가 자신들의 시간과 노력, 물질적 자원을 희생하여 쏟아 붓는다는 것은 결코 쉬운 일이 아닐 것입니다. 그런데 이러한 모습을 보며 한편으론 아쉬운 마음도 듭니다. 저 에너지와 열정을 조금만 다르게 쏟아 본다면 아이는 훨씬 더 많은 것을 배울 수 있을 텐데 하고 말이죠.

가성비라는 말을 많이들 씁니다. 돈을 들인 것에 비해 큰 만족감을 주는 상황에서 우리는 흔히 가성비가 좋다'라는 말을 쓰지요.

주식 투자도 그렇습니다. 싼 가격에 산 주식이 대박을 터트려주면 그보다 좋은 투자는 없을 것입니다. 저는 교육 역시 마찬가지라고 생각합니다. 그런데 지금 우리 부모들이 아이를 위해 하는 교육은 가성비 좋은 교육, 투자 효과가 확실한 교육일까요? 아이를 위해 두 팔을 단단히 걷어 부치고 교육하기로 마음먹었다면 이제는 그 방향을 고려하지 않을 수 없습니다. 아니, 꼭 그래야만 할 것입니다.

저는 초등학교 교사라는 저의 직업 특성상, 또 한 아이의 엄마로서 교육에 관심이 많습니다. 그렇기에 현재 전 세계가 추구하는 교육의 방향은 어떠한지, 앞으로 우리는 어떤 교육을 준비해야 하는지 항상 촉각을 곤두세우고 있습니다. 직업이 교사이다 보니 특히 우리나라 교육 정책이나 교육 과정 개편에 대한 정보는 누구보다 빠르게 얻어 대비할 수도 있습니다.

자, 그렇다면 전 세계가 지금 이야기하는 교육은 어떤 모습일까요. 바로 미래핵심역량의 강조입니다. 전 세계의 교육은 OECD가 제시한 교육방향에 영향을 많이 받습니다. 우리나라 국가 교육과정 또한 OECD가 추구하는 방향과 비슷하게 흘러갑니다. 그리하여 OECD가 어떠한 교육을 추구하고 있는지 주목하는 것은 항상 필요하지요. OECD는 2015년 'Education 2030(에듀케이션 2030)'이라는 것을 발표하며 '변혁적 핵심역량'을 키우는 교육을 강조하기 시작했습니다. 여기서 '변혁'의 뜻을 한 번 짚어보겠습니다. 포털 사이트의 어학사전을 보니 '변혁'의 뜻을 '급격하게 바꾸어 아주 달라지게 함'이라고 풀이하고 있네요. 즉, 앞으로 아이들에게 필요한 역량은 급속도로 광범위하게 변하는 사회에 적응할 수 있는 힘, 그러한 사회 변화를 주도할 수 있는 힘, 이러한 사회에서 인류와 공존하며 행복하게 살 수 있는 힘으로 해석해 볼 수 있겠습니다.

자, 그렇다면 이렇게 사회를 급격하게 바꾸어 아주 달라지게 하는 즉, 변화를 이끄는 핵심 동력이 무엇일까요. 바로 인공지능입니다. 그렇기에 미래핵심역량을 키우는 교육, 그 중에서도 인공지능 교육을 빼놓을 수 없는 것입니다. 인공지능을 제대로 알고 이를 활용할 줄 알아야 급속도로 변화하는 사회에 적응하고 또한 사회를 주도할 수 있을 테니 말이죠.

이 글의 처음에서 드렸던 질문을 다시 한 번 던져봅니다. 내 아이 잘 키우고 싶으시죠? 그렇다면 인공지능에 대해 부모가 먼저 공부해보는 시간을 꼭 가져보시라 권하고 싶습니다. 이 책을 폈다는 것 자체로 여러분은 이미 시대의 흐름을 읽고 그에 맞는 교육을 준비할 줄 아는 한 발 앞선 부모입니다. 이 책은 내 아이에게 어떻게 인공지능 교육을 시작하고 진행해야 하는지 차근차근 알려줄 좋은 가이드가 되어줄 것입니다.

그러나 인공지능이라는 개념은 그리 만만한 내용이 아닙니다. 많은 책들이 인공지능에 대해 설명하고 있지만 그 많은 책들을 읽어도 여전히 궁금증이 남습니다. 그래서 그 인공지능이 도대체 어떠한 원리로 작동되어 우리의 삶을 송두리째 바꿨다는 것인지 명쾌하게 이해가 되지 않는 까닭입니다. 이는 아마도 인공지능이라는 기술 자체가 굉장히 많은 기술의 융합으로 이루어져 있고 난이도가 매우 높은 컴퓨터 및 수학적 지식을 요구하기 때문인 것 같습니다. 책 본문에서 후에 다루겠지만 인공지능 개발자조차 어떠한 이유로 그러한 결과가 나왔는지 설명하지 못할 정도로 인공지능은 복잡하고 이해하기 어려운 기술입니다.

저는 이러한 인공지능에 대해 복잡하고 깊게 다가가기보단 누구나 이해할 수 있을 정도의 수준에서 최대한 쉽게 풀어쓰고자 하였습니다. 그러나 인공지능 시대에 대비하기 위해 반드시 알아야 할 핵심 내용들에 대해서는 빠짐없이 다루었으며 인공지능을 보다 체계적으로 이해할 수 있도록 책의 구성 또한 심혈을 기울여 계획하였습니다. 저의 진심과 노력이 담긴 이 책을 통해 엄마와 아이 모두 인공지능 시대를 향한 첫 발을 뗄 수 있길 간절히 소망합니다.

마지막으로 이 책이 나오기까지 도움을 주신 고마운 분들께 감사의 인사를 드립니다. 가장 먼저 이 책의 가능성을 알아봐주시고 출간을 허락해주신 성안당 최옥현 전무님과 원고 집필 내내 지원을 아끼지 않으신 조혜란 부장님, 그리고 매일 이른 아침 원고를 쓸 수 있도록 배려해준 나의 소중한 가족에게 감사의 마음을 전합니다. 아울러 항상 이 글의 첫 독자로써 세심한 조언과 따뜻한 격려를 아끼지 않은 선배님과 우리 선생님이 최고라며 용기를 북돋워준 사랑하는 방화초 5학년 1반 제자들에게도 진심으로 감사드립니다. 마지막으로 세상에서 가장 소중한 나의 아들 김종현과 남편에게 사랑한다고 말하고 싶습니다.

Chapter 01

미래,
제대로
알고
교육하시나요?

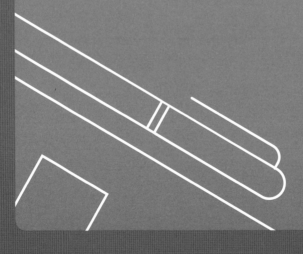

저는 80년대 생입니다. 30여 년의 세월이 흐르는 동안 세상은 상상했던 것 이상으로 달라졌습니다. 그런데 제가 어릴 때와 크게 변하지 않은 모습이 있습니다. 바로 교육입니다. 세상은 이렇게나 변화했고 앞으로는 감히 예측조차 하지 못할 정도로 달라질 것입니다. 그런데 우리 아이 교육은 정말 이대로 괜찮은 걸까요?

핵심역량 중심의
미래교육

여러분은 유년시절과 학창시절을 어떻게 보내셨나요? 저는 공부하고 학원을 다니며 어린시절을 보냈습니다. 먼저, 일곱 살 무렵 피아노 학원을 다녔습니다. 그것이 저의 생애 첫 학원이었습니다.

초등학교에 입학해서는 학습지를 구독해 집에서 풀었습니다. 〈아름아리〉라는 학습지의 이름이 지금도 선명히 기억납니다. 초등학교 2학년이 되었을 때에는 지금도 건재한 〈윤선생 영어교실〉을 신청해 영어를 배우기 시작했고, 3학년이 되면서부터는 전 과목을 봐주는 학원에 다니기 시작했습니다. 그리고 이때 갑자기 방문학습 열풍이

불어 〈눈높이 수학〉, 〈눈높이 한자〉, 〈눈높이 국어〉도 하게 되었습니다. 4학년부터는 여기에 수학 과외까지 추가되었지요. 울면서 풀었던 〈하이레벨〉이라는 문제집의 이름도 지금껏 생생하게 기억납니다. 중학교에서 배우는 연립방정식을 초등학교 때 배우고 수학 올림피아드에도 나가보았습니다. 중·고등학교 때에는 학교 수업이 끝나면 학원으로 달려가 밤늦은 시간까지 공부를 하고 집에 오면 녹초가 되는 일상을 반복했습니다. 이것이 80년대 생인 저의 유년시절과 학창시절의 이야기입니다. 제 이야기를 들으니 어떠신가요. '아, 우리 때는 저렇게 말도 안 되는 방식으로 공부를 했었지.' 하며 웃음을 지으셨나요? 아니면 지금과 별반 다르지 않다는 생각이 들었나요?

30여 년의 세월이 흐르는 동안 이 세상은 상상도 하지 못할 정도로 급속히 바뀌었습니다. 우리가 살았던 시대와 지금 아이들이 살아가는 이 세상은 어마어마할 정도로 다르지요. 그런데 우리들이 아이를 교육하는 방식은 예전과 크게 다르지 않습니다. 우리 때는 없었던 학원의 종류가 새로 생겨나고 부모가 신경 쓸 것 없이 모든 것을 관리하는 'All Care(올 케어)', 1 대 다수가 아닌 '소그룹 중심의 집중교육' 등 서비스 방식이 달라진 정도입니다. 학교에서 아이들을 봐도 제가 어릴 때의 모습과 크게 다르지 않습니다. 학원에서 선행학습을 하고 온 아이들이 적극적으로 손을 들고 학원에서 배운 대로 발표를 합니다. 아이들이 하는 발표나 아이들이 쓴 글에 별다른 개성이 느껴지지 않습니다. 깊이 있는 사고와 창의적 생각이 결여된 천편일률적인 대답들뿐입니다. 우리가 어릴 때에는 이렇게 길러진 아이들이 명문대에 진학하고 좋은 직업을 갖고 '잘 먹고 잘 사는'데에 지장이 없었습니다. 그 당시에는 주어진 내용을 잘 암기하고 시키는 대로 잘 따르는 그런 인재가 필요했으니까요. 그런데 지금은 세상이 바뀌었습니다. 그리고 우리 아이들이 앞으로 살게 될 미래는 더욱 더 그러할 것입니다.

저는 글을 쓰는 현재 5학년 담임을 맡고 있습니다. 5학년 1학기 1단원 사회에서 배우는 내용은 우리나라 국토와 우리 생활에 관한 내용들입니다. 우리나라의 지역별 기후, 기온, 강수량 등을 배우고 우리나라의 각 도시들은 어디에 위치해 있는지, 각 도시들은 어떤 특징 등을 지니고 있는지 배웁니다. 예전에는 단순히 이러한 교과서 지식을 잘 암기하고 시험 문제를 잘 풀면 그만이었죠. 그러나 이런 지식은 이제 인터넷 검색 한 번이면 모두 쉽게 얻을 수 있게 되었습니다. 그렇다면 우리들이 아이들에게 기대하는 것은 무엇일까요? 여러분이 기업의 인사 담당자라고 생각해봅시다. 어떤 인재를 데려가고 싶으신가요. 단순히 사회 교과서의 내용을 잘 암기하고 문제를 잘 맞힐 수 있는 아이를 뽑으시겠습니까. 아니면 이렇게 배운 내용을 활용해 톡톡 튀는 국내 여행 상품을 개발하여 실적으로 연결시킬 수 있는 아이를 뽑으시겠습니까.

🎧 역량 중심 교육의 등장

'교육은 백년대계'라는 말이 있습니다. 백년대계라는 말은 백년 후까지의 큰 계획이라는 뜻이지요. 국가의 발전은 훌륭한 인재 양성에서 시작되는 것이기에 전 세계 교육은 앞으로의 시대를 염두에 두고 큰 계획을 세워 중요하게 이루어집니다. 따라서 OECD에서는 전 세계 각국이 자국의 교육 정책을 수립하는 데 도움을 주기 위해 교육에 대한 큰 가이드라인을 발표합니다. 우리나라 또한 OECD의 정책을 참고하여 교육과정을 개편하고 있지요. 그런데 1997년부터 2003년의 기간 동안 OECD는 DeSeCo프로젝트 (Definition and Selection of Competencies Project, 이하 데세코 프로젝트로 표기)라는 것을 추진하며 이전과 다른 교육을 지향하기 시작했습니다. 바로 핵심역량의 강조였습니다. 기존처럼 지식을 암기하고 이해하는 것은 더 이상 의미가 없으니 이제는 역량을 기를 수 있는 방향으로 교육을 해야 한다는 것이었지요. 앞으로의 시대는 어떻게 변화하게 될지 예측하기 어렵기 때문에 현존하는 지식을 암기하고 학습하기보단 어떤 시대가 오든 살아남을 수 있는 역량을 갖추어야 한다는 것이었습니다. 그리고 역량 중에서도 꼭 필요한 역량을 핵심역량이라고 지칭하며 교육을 통해 이를 기를 수 있기를 당부하였습니다.

조금 오래 전 이야기지만 데세코 프로젝트에 관한 재미있는 다큐멘터리가 있었습니다. EBS에서 방영한 '누가 일등인가'라는 제목의 영상이었지요.[1] 학교 공부를 잘하는 학생들이 과연 실생활 문제 해결력도 높을까요. 이러한 질문에 대해 답을 찾는 흥미로운 내용의 다큐멘터리였습니다. 프로젝트에 참가한 아홉 명의 학생들은 자신들의 이름을 비롯한 모든 정보를 숨긴 채 주어진 과제들을 해결합니다. 그리고 이 모든 과정은 국내 유명 대학의 교수와 대기업의 인사 담당자가 지켜보고 있습니다. 이들은 상황을 관찰하며 누가 OECD에서 제시한 핵심역량을 지닌 학생인지 평가합니다. 시청자 또한 영상을 보는 내내 몰입하며 학생들의 문제 해결 과정을 지켜보게 됩니다. 영상을 시청할수록 문제를 잘 해결한 학생들이 과연 학교 성적 또한 우수할지 마지막에 공개되는 학생들의 이력이 궁금해

---

1 https://youtu.be/8BSIrhfz6eU

집니다. 맨 마지막에 공개된 결과는 가히 충격적이었습니다. 미션 내내 소극적이고 미션 수행력도 낮았던 참가자는 그 해 수능 만점자였던 반면 미션 내내 적극적이고 창의적 방법으로 미션도 잘 수행했던 한 참가자는 수능에서 전 과목 9등급을 받은 학생이었기 때문입니다. 시청자는 물론 학생들의 모든 과정을 지켜보았던 대학 교수와 기업의 인사 담당자 역시 놀라움을 금치 못했던 결말이었습니다.

초 · 중등, 대학, 기업의 핵심역량 교육

OECD는 2015년부터 데세코 프로젝트를 더욱 발전시킨 'Education 2030 프로젝트(에듀케이션 2030 프로젝트)'를 시작하였습니다. 데세코 프로젝트가 미래의 삶에서 반드시 요구되는 역량이 무엇인지를 제시하고 이에 대한 중요성을 강조했다면, 에듀케이션 2030 프로젝트에서는 미래 사회에 대한 분석을 바탕으로 특히 2030년을 살아갈 학생들에게 필요한 역량이 무엇인지 제시하고 있습니다.[2] 이렇게 핵심역량이 강조됨에 따라 국내의 초·중등학교 교육과정 역시 핵

---

2 서용석, 노철현. (2019). 『서울교육대학교 핵심역량 교육과정 개발을 위한 기초연구: 국가 교육과정과의 연계 방안을 중심으로』, 서울교육대학교 한국초등교육 제30권 제4호, 244.

심역량을 중요하게 다루기 시작했습니다. 먼저 국가 교육과정에 핵심역량이라는 말을 직접적으로 제시하였고 이를 함양하는 교육을 하겠다고 밝혔습니다. 또한 이러한 핵심역량을 함양하기 위해 몇 가지 조치를 새롭게 취하였는데 바로 통합사회, 통합과학 등 문·이과 공통 과목의 신설, 인문·사회·과학기술에 대한 기초 소양 함양 등이 그것입니다.[3]

그런데 통합사회, 통합과학 등 문·이과 공통 과목의 신설, 인문·사회·과학기술에 대한 기초 소양 함양이 왜 핵심역량을 기르기 위한 조치라는 걸까요. 이들은 서로 어떤 관계가 있는 걸까요. 이는 바로 핵심역량을 갖춘 융합형 인재를 양성하겠다는 뜻입니다. 통합사회, 통합과학은 각각 정치, 경제, 윤리, 역사, 지리 등 사회의 다양한 분야와 물리, 화학, 생물, 지구과학 등 과학의 다양한 분야를 통합하여 아우르고 있는 과목이고 인문·사회·과학기술에 대한 기초 소양을 강화하겠다는 것은 여러 분야에 두루 능한 인재를 기르겠다는 것이지요. 잘 이해가 되지 않는다면 예를 들어 살펴볼까요? 앞서 언급했던 5학년 사회 이야기를 다시 가져오겠습니다. 어떤 학생이 독창적인 국내 여행 상품을 개발하고자 합니다. 단순히 사회 시간에 배운 우리나라의 특성만 알아서는 상품을 개발할 수 없습니다. 먼저 사람들이

---

3 서용석, 노철현. (2019). 『서울교육대학교 핵심역량 교육과정 개발을 위한 기초연구: 국가 교육과정과의 연계 방안을 중심으로』 서울교육대학교 한국초등교육 제30권 제4호, 242.

왜 여행을 떠나고 싶어 하는지, 여행을 통해 얻고자 하는 것은 무엇인지 등 인간에 대한 이해가 선행되어야 할 것입니다. (인문) 또한 사람들은 언제 주로 여행을 떠나고, 여행에서 어떤 행동을 하고, 주로 어느 지역으로 떠나는지 등 여행과 관련된 사회 현상을 분석할 수 있어야 하겠지요. (사회) 그리고 이러한 내용을 바탕으로 컴퓨터 프로그래밍을 하여 컴퓨터로부터 최적의 새로운 여행지를 추천받아 기존에 없던 상품을 개발할 수 있습니다. (과학 기술)

이렇게 실생활 문제를 해결하기 위해 주변을 탐구하고 정보를 찾아 문제 해결 방법을 설계한 뒤 문제를 해결하는 태도가 바로 핵심역량에 해당됩니다. 그런데 이렇게 문제를 해결하는 과정에는 인문, 사회, 과학 기술이 반드시 필요하니 이러한 영역을 기초 소양으로 기르고자 하는 것이지요. 또한 문제를 해결할 때에는 어느 하나의 지식이 아닌 다양한 분야의 지식이 두루 사용된다는 점에서 이를 융합적이라 할 수 있고, 결과적으로 이러한 능력을 지닌 인재는 핵심역량을 갖춘 융합적 인재라고 할 수 있는 것입니다. 이렇게 예를 통해 살펴보니 미래사회가 학생들에게 요구하는 핵심역량이 무엇인지, 인문·사회·과학기술에 대한 기초 소양은 무엇인지, 핵심역량을 갖춘 융합적 인재란 무엇인지 감이 오시나요.

한 학생이 이 모든 것을 할 수 없다고 해도 마찬가지입니다. 실제로 한 학생이 위의 모든 과정을 소화한다는 것이 오히려 불가능에 가까운 일이겠지요. 그렇다면 현실에서는 어떠한 방식으로 위의 과정이 일어날까요. 바로 협업입니다. 그런데 협업을 하기 위해서도 다른 분야에 대해 어느 정도 소양을 갖추어야 대화가 원활히 진행될 수 있습니다. 여러분의 입장에서 생각해보아도 내 분야에 대해 아예 모르는 사람과 의사소통하며 함께 일을 진행하기보다는 어느 정도 지식을 갖춘 사람과 일하고 싶은 것은 당연하지 않을까요.

대학 역시 핵심역량을 중심으로 교육과정이 개편되고 있습니다. 대학에는 다양한 전공이 있습니다. 그리고 우리는 대학에 진학하면 자신이 선택한 전공에 대해 깊게 공부하는 방식을 취하고 있습니다. 물론 교양과목이라는 것이 있기는 하지만 이는 완전히 개인의 자율에 맡겨지다 보니 학점을 따기 편한 과목, 시험이 없는 과목 등에 수강신청이 치우치고 있는 실정입니다. 따라서 대학에서는 모든 전공을 아우르는 공통 핵심역량을 도출하여 이를 각각의 전공에서 공통으로 교육하고자 하는 움직임이 있습니다. 이를 통해 학생들은 어떤 전공을 선택하든지 대학생들에게 요구되는 공통 핵심역량을 공부할 수 있게 되는 것이지요. 교사를 양성하는 교육대학교 또한 학생들이 졸업 후 교사가 되었을 때 시대의 흐름에 맞는 교육을 잘 할 수 있도록 핵심역량을 중심으로 하는 교육과정을 지속적으로 개발하고 있습니다.

기업에서 실시하는 근로자 교육도 마찬가지로 역량 중심 교육으로 변화하고 있습니다. 기술의 발전과 함께 근로자가 사용하게 되는 기술 역시 계속해서 발전하게 되므로 그 기술 자체를 교육하는 것은 더 이상 의미가 없기 때문입니다. 기업에서 사원을 선발할 때에도 기존의 서류전형과 면접의 방식을 벗어나 역량을 제대로 갖추었는지 평가하는 역량중심평가 문항을 개발하여 이를 집중적으로 활용하는 방식으로 변화하고 있습니다.

새롭게 변화하는 핵심역량

그렇다면 전 세계가 강조하는 주요 핵심역량의 구체적인 내용은 무엇일까요. 먼저 핵심역량을 교육 현장에 직접적으로 도입하게 된 계기가 되었던 OECD 데세코 프로젝트의 핵심역량을 살펴보겠습니다.

영역		핵심역량
OECD 데세코 프로젝트 (1997-2003)	도구를 상호적으로 활용하기	- 언어, 상징, 텍스트를 상호 활용하는 능력 - 지식과 정보를 상호 활용하는 능력 - 기술을 상호적으로 사용하는 능력
	사회적 이질집단에서 소통하기	- 다른 사람들과의 관계를 잘하는 능력 - 협동하는 능력 - 갈등을 관리하고 해결하는 능력
	자율적으로 행동하기	- 넓은 시각에서 행동하는 능력 - 인생의 계획과 개인적인 과제를 설정하고 실행하는 능력 - 자신의 권리·관심·한계·욕구를 주장하는 능력

출처: https://www.eduinnews.co.kr/news/articleView.html?idxno=8456

한편, OECD는 2015년 에듀케이션 2030을 새롭게 발표하며 기존의 데세코 프로젝트를 보완하였는데 핵심역량을 재정의함과 동시에 핵심역량을 어떻게 길러야 하는지 그 방법에 대해서도 제시하고 있습니다. 먼저 핵심역량의 의미를 어떻게 재정의하였는지 알아보겠습니다. 우선 용어의 사용을 기존의 '핵심역량'에서 '변혁적 역량'으로 바꾸어 제시하였습니다. '변혁'의 의미부터 살펴볼까요. '변혁'은 '급격히 바꾸어 아주 달라지게 함'이라는 뜻입니다. 따라서 OECD가 새롭게 제시한 변혁적 역량을 갖춘 인재란 사회를 바꾸고 달라지게 할 수 있는 힘을 가진 인재라고 해석할 수 있겠습니다. 그런데 사회를 바꾸고 달라지게 한다는 것에는 어떤 의미가 있는 걸까요? 에듀케이션 2030에서는 이에 대해서도 상세히 설명하고 있는데 바로 '웰빙'입니다. 이 웰빙은 혼자서 건강히 잘 먹고 잘 산다는 의미가 아니라 전 지구가 건강히 잘 먹고 행복하게 산다는 의미를 담고 있습니다. 우리가 사는 이 세상은 급속히 변화하며 한 국가에서만 해결할 수 없는 각종 문제들이 발생하고 있습니다. 기술이 급격히 발달함에 따라 이로 인해 발생하는 문제들 역시 매우 복잡한 특성을 가지고 있고요. 따라서 앞으로 미래사회를 살아가는 인재들은 보다 지구적·전 인류적 관점으로 시야를 넓히고 전 지구인이 함께 행복한 삶을 살 수 있도록 사회 변화를 이끌어야 한다는 것입니다.

다시 한 번 정리해보면 OECD는 에듀케이션 2030을 새롭게 발표하며 기존에 제시했던 핵심역량을 보완해 새로운 방향을 추구하였는데 그것은 전 지구인이 함께 행복하게 살 수 있는 방향이 되어야 한다는 것입니다. 이를 구체적 단어로 '웰빙'이라고 제시하고 있고요. 또한 이렇게 모두가 행복한 삶을 살기 위해서 학생들은 역량을 가져야 하는데 우선 전 세계인을 모두 똑같이 귀한 하나의 인간으로 생각할 수 있는 인본주의적 사고를 가져야 한다는 것입니다. 이러한 사고를 바탕으로 지구에서 발생하는 각종 문제를 모두에게 이로운 방식으로 해결하고, 인류가 보다 행복하게 살 수 있도록 새로운 아이디어와 산출물을 만들어낼 수 있어야 한다는 것이지요. 이러한 역량을 구체적으로 '변혁적 역량'이라고 제시하고 있습니다.

앞서 에듀케이션 2030에서는 이러한 변혁적 역량을 기르기 위한 구체적인 학습 방법에 대해서도 제시하고 있다고 말씀드렸습니다. 그렇다면 이러한 역량은 어떻게 키울 수 있는 것일까요? 요약하면 '주변 환경과 능동적 상호작용을 통한 실제적 문제해결 학습'이라고 이야기해볼 수 있겠습니다. 변혁적 역량은 결국 이 세상의 문제를 해결하고 이 사회를 더욱 발전시킬 수 있는 아이디어와 창의적 산출물을 만드는 데 필요한 역량입니다. 이를 기르기 위해선 당연히 세상과 적극적으로 부딪치고 그 속에서 문제를 발견하고 발견한 문제를 해결하는 것이 필요할 것입니다. 따라서 학생들은 자신의 주변을 적극적으로 탐색하고 관심을 가져야 합니다. 그리고 사람들이 생활 속에서 어떠한 불편을 겪고 있는지, 내 주변에 지금 어떤 문제점들이 있는지 문제를 발견할 수 있어야 합니다. 문제를 발견했다면 학교에서 배운 내용과 인터넷이나 관련 책 등 정보를 탐색해 자신만의 해결 방법을 생각할 수 있어야 합니다. 이 과정에서 선생님과 부모님 혹은 지역 사회의 도움을 받을 수도 있습니다. 내가 관심을 두는 분야를 가진 직업인을 찾아간다거나, 이메일을 보내 질문을 하거나 실습을 요청할 수도 있는 것이지요. 이러한 여러 가지 방법을 통해 적극적으로 문제를 해결하는 것을 습관화함으로써 변혁적 역량을 기를 수 있다고 이야기하고 있습니다. 따라서 초·중등, 대학 교육 역시 앞으로는 이론 수업과 현장 실습을 연계한 인턴십 프로그램, 마을 공동체 학습, 기업과 대학이 협력하는 산학 협력 프로젝트가 더욱 중요하게 다루어질 전망입니다.

🎓 핵심역량 교육의 메카 미네르바 스쿨

위에서 이야기한 방식이 아직도 모호하게 느껴지신다고요? 아직도 핵심역량을 왜 교육해야 하는지 그 이유를 잘 모르시겠다고요? 그렇다면 여기 미네르바 스쿨(Minerva School)의 이야기를 잘 들어주시기 바랍니다. 미네르바 스쿨(https://www.minerva.edu/)은 소위 말해 지금 전 세계에서 가장 '핫'한 대학입니다. 하버드보다 들어가기 힘든 대학이라는 '영광스러운' 타이틀을 가지고 있기도 하죠. 미네르바 스쿨은 미국의 벤처투자자 벤 넬슨이 미래형 인재를 기르기 위해 설립한 학교로, 캠퍼스가 없다는 점, 모든 수업은 온라인으로 이루어진다는 점, 고등학교 성적이나 SAT 등의 정형화된 점수를 요구하지 않는

다는 점 등 과감한 시도를 해 '세상에 없던 대학'이라는 별명이 붙기도 하였습니다. 2014년 처음 이 학교가 개교했을 때만 해도 기존과는 확연히 다른 혁신적인 교육 방법에 의문을 품는 사람들이 많았습니다. 그러나 미네르바 스쿨 졸업자들이 구글, 아마존, 우버 등 세계 유명 기업과 공동 프로젝트를 진행하거나 하버드·케임브리지 등 세계 최고의 대학 석사·박사 과정에 진학하는 등 세계에서 활약하는 모습들을 보자 '도대체 저 신생 대학에는 어떠한 비밀이 있기에 졸업생들이 저렇게 훌륭히 사회에서 활동하고 있는 거지?' 하며 관심이 쏟아지기 시작했지요. 그리하여 개교 4년 만에 70개국 출신 2만 3천 명이 지원하기에 이르렀고 합격률은 약 1.9%정도라고 합니다. 참고로 하버드 대학의 합격률은 4.6%였습니다. [4]

미네르바 스쿨의 교육 방식을 요약하면 '실제 문제 해결을 극대화한 핵심역량 교육'이라고 할 수 있겠습니다. 앞서 이야기했던 OECD의 교육을 그 어느 곳보다 몸소 실천하고 있는 학교라고 해도 과언이 아니지요. 먼저 어떻게 실제적 문제 해결을 극대화했다는 것인지 알아볼까요? 미네르바 스쿨에는 캠퍼스가 없습니다. 캠퍼스가 없으니 강의실도, 학교 식당도, 헬스장도, 공연장도, 기숙사도 없습니다. 미네르바 스쿨에 입학한 학생들은 재학 기간 동안 7개국 7개 도시

---

4 강승한. (2020). 『언택트에 따른 대학의 비대면 학습을 위한 참여적 커뮤니케이션 방안 연구』, 예술과 미디어, 16.

(영국 런던, 독일 베를린, 인도 하이데라바드, 대만 타이베이, 한국 서울, 미국 샌프란시스코, 아르헨티나 부에노스아이레스)를 돌며 그곳에서 기숙사를 임대하여 생활합니다. 미네르바 스쿨은 왜 이러한 방식을 택했을까요. 바로 학생들에게 실제적 경험을 주기 위함입니다. 전 세계의 여러 나라에 정착하여 일정 기간 살아보면서 전 세계인은 어떤 생각을 하며 어떤 모습으로 삶을 살아가는지를 생생하게 체험하라는 것이지요. 이를 통해 전 지구를 아울러 전 세계인이 필요로 하는 것이 무엇인지, 어떤 공통된 문제를 겪고 있는지 등을 발견하고 이를 해결할 수 있도록 영감을 제공하는 것입니다. 그렇기에 학교 밖을 벗어나 직접 그 나라의 다양한 시설을 이용하며 현지인과 부딪칠 수 있도록 별도의 캠퍼스도, 캠퍼스 안에 별도의 시설도 구비되어 있지 않습니다.

여러분의 자녀가 미네르바 스쿨에 입학하여 아르헨티나에서 학업을 수행 중이라고 해 봅시다. 아르헨티나의 한 장소를 기숙사로 임대해 그곳에서 생활하며 그 외의 모든 은행, 우체국 업무, 식사, 문화 생활, 여가 생활 등은 전부 현지 시설을 이용하고 있다고 상상해 보세요. 언어를 포함한 그 어떤 것에 대한 정보도 학교는 제공해 주지 않습니다. 모든 것을 학생 혼자 해결해야 하는 것이지요. 이렇게 장기간 해외 여러 나라에 체류하며 생활하다 보면 당연히 세상에 대한 이해와 인간에 대한 이해의 폭이 넓어지고 실제적 문제 해결력도 신장되지 않을까요? 한편 이를 통해 또 한 가지 시사점을 도출할 수도 있습니다. 전 세계를 주 무대로 하고 있다는 측면에서 OECD가 제시한 '웰빙'의 개념도 찾아볼 수 있는 것이지요. 미네르바 스쿨은 자국을 무대로 하는 것이 아니라 전 세계를 무대로 하고 자국의 국민을 이해하는 것이 아니라 전 세계인을 이해하는 것을 목표로 하고 있습니다. 또한 자국의 문제뿐 아니라 전 지구적 문제를 해결하는 인재 양성을 목표로 하고 있고요. 즉, 앞으로의 시대를 살아갈 학생들에게 이 세상이 요구하는 역량은 전 지구인이 행복하고 건강하게 살 수 있는 데 보탬이 되는 것을 창의적으로 개발하고 또한 각종 문제들을 해결할 수 있는 힘이라는 것을 다시 한 번 확인할 수 있는 대목입니다.

이제 미네르바 스쿨이 어떻게 실제적 경험을 극대화한 교육을 제공한다는 것인지에 대해서는 이해가 잘 되었을 것입니다. 그렇다면 이번에는 핵심역량에 대해 이야기해볼까요. 현재 전 세계의 대부분의 대학은 전공과목을 두고 있습니다. 고등학교를 졸업하고 대학을 진학할 때 학생들은 학부나 전공을 선택하고 대학 4년간 본인이 선택한 분야에 대해 깊이 학습합니다. 그러나 미네르바 스쿨은 보통의 대학이 따르는 교양—전공기초—전공심화의 커리큘럼을 따르지 않습니다. 무전공으로 입학하며 학교에서 정한 역량 중심 교육과정에 따라 학습을 하게 됩니다. 미네르바 스쿨의 교육 모델의 토대가 되는 교육 이념, 교육 목표, 핵심 역량, 학습 목표, 기초 강좌는 다음의 표와 같습니다.

구분	영역
교육 이념	실용적 지식의 습득
교육 목표	리더십, 혁신, 폭넓은 사고, 글로벌 시티즌십
핵심역량	비판적으로 사고하기, 창의적으로 사고하기, 효과적으로 의사소통하기, 효과적으로 상호작용하기
학습 목표	마음의 습관, 기초개념
기초 강좌	형식 분석, 실증 분석, 다중 양식 의사소통, 복잡계

출처: 이혜정, 임상훈, 강수민. (2019). 4차 산업혁명 시대 대학교육 혁신 방안 탐색: 미네르바 스쿨 사례를 중심으로. 평생학습사회 제15권 제2호, 64.

　　표를 보시면 미네르바 스쿨이 어떤 교육을 표방하고 있는지 다시 한 번 쉽게 이해할 수 있을 것입니다. 그런데 학습 목표의 내용 중 '마음의 습관'이라는 용어가 있네요. 이는 무엇을 의미하는 것일까요? 이에 대해 위의 표를 인용한 논문에서는 '연습을 통해 자동화되는 인지적 스킬'이라고 설명하고 있습니다. 즉, 실생활 문제를 끊임없이 탐구하고 이를 해결하기 위해 스스로 여러 가지 정보를 탐색하여 해결하는 습관이 자동화 되는 상태를 표방하는 것이라고 해석해 볼 수 있겠습니다. 이번에는 미네르바 스쿨에서 제시한 핵심역량을 보다 세부적으로 살펴보겠습니다.

핵심역량		하위역량	관련 기초 강좌
개인적 능력	비판적으로 사고하기	주장 평가하기, 추론 분석하기, 신중하게 결정하기, 문제 분석하기	형식 분석 formal analyses
	창의적으로 사고하기	발견 촉진하기, 문제 해결하기, 프로덕트, 프로세스, 서비스 생산하기	실증 분석 empirical analyses
대인관계 능력	효과적으로 의사소통하기	효과적으로 언어 사용하기, 효과적으로 비언어적 의사소통하기	다중 양식 의사소통 multimodal communications
	효과적으로 상호작용하기	협상하기, 조정하기, 설득하기, 다른 사람과 효과적으로 협업하기, 윤리적 딜레마 해결하기, 사회적 의식 갖기	복잡계 complex systems

출처: 이혜정, 임상훈, 강수민. (2019). 『4차 산업혁명 시대 대학교육 혁신 방안 탐색: 미네르바 스쿨 사례를 중심으로』 평생학습사회 제15권 제2호, 65.

핵심역량을 크게 개인적 역량과 대인관계 능력으로 나누고 그 안에 각각 비판적으로 사고하기, 창의적으로 사고하기, 효과적으로 의사소통하기, 효과적으로 상호작용하기를 배치해둔 모습입니다. 또한 각 핵심 역량에 속하는 구체적인 하위역량을 제시하고 있는데 이를 통해 미네르바 스쿨이 추구하는 인재상을 생생하게 그릴 수 있습니다. 우리들이 앞으로 학생 및 자녀들에게 어떤 역량을 길러주어야 하는지, 어떤 방향으로 교육을 해야 하는지에 대한 명확한 힌트를 얻을 수 있는 부분입니다.

왜 **인공지능** 공부일까

이렇게 앞으로의 세상은 전 지구적 문제를 해결하고 전 인류가 보다 행복한 삶을 살 수 있도록 기여하는 인재를 필요로 하고 있습니다. 이러한 문제해결력을 갖춘 인재는 기업에서 특히 두드러지게 선호하고 있는데, 세계경제포럼(WEF, 2016)의 연구결과를 통해서도 그 사실을 확인할 수 있습니다. 세계경제포럼에서 기업 경영자를 대상으로 향후 10년간(2016~25년) 근로자에게 가장 필요한 역량은 무엇인지 조사한 결과 문제해결력이 1위를 차지하였고 사회성이 2위를 차지하였습니다.[5]

---

5 김용성. (2019). 『국제 비교를 통해 본 우리나라 인적 역량의 현황과 제고 방향: 문제해결 능력을 중심으로』, 사회과학연구 제45권 제3호, 110.

그렇다면 앞으로의 세상은 구체적으로 어떠한 도구를 활용해 문제를 해결할 수 있는 인재들을 선호할까요. 먼저 과거로 거슬러 가 보겠습니다. 농경시대의 사람들은 고된 노동에 시달렸습니다. 사람들을 노동에서 해방시키고 보다 생산성을 높이기 위해 기계가 도입되었습니다. 그리고 이러한 기계를 잘 다루고 기계를 이용해 문제를 해결하는 인재들이 즉시 선호되었지요. 그런데도 아직 사람들은 이에 만족하지 못했습니다. 사람들을 좀 더 편하게 만들 수는 없을까, 좀 더 문제를 쉽게 해결할 수 없을까 고민하던 사람들을 통해 컴퓨터라는 것이 등장하였습니다. 이제 사람들은 컴퓨터 프로그래머가 프로그래밍 하여 만든 각종 앱이나 프로그램에 접속하여 몇 번의 클릭을 통해 자신들의 문제를 쉽게 해결할 수 있게 되었습니다. 그리고 이러한 시대에는 컴퓨터를 잘 다루는 사람, 잘 활용하는 사람이 각광을 받았습니다. 자, 그런데 아직도 사람들은 이러한 기술 수준에도 목이 말랐나 봅니다. 사람처럼 읽고 쓰고 말하고 생각하는 컴퓨터가 있다면 세상의 문제를 지금보다 더욱 쉽게 해결하고 사람들을 매우 편하게 만들어줄 수 있을 텐데 하는 생각을 했던 것이죠. 그리고 이러한 사람들은 인공지능이라는 것을 개발하게 됩니다. 그리하여 이제는 우리 생활의 문제를 해결할 때나 새로운 아이디어를 기반으로 무언가를 창조할 때 인공지능을 활용할 수 있게 되었지요. 세상이 요구하는 인재의 모습 역시 인공지능을 잘 이해하고 개발하거나 활용할 수 있는 사람으로 변모하고 있는 중입니다.

　우리 반에 자꾸 들어오는 다른 반 학생들 때문에 스트레스를 받는 한 아이가 있다고 가정해봅시다. 어떻게 하면 다른 반 학생이 우리 반에 들어오지 못하게 할 수 있을까 몇날 며칠을 고민하겠지요. 이 문제를 해결할 수 있는 방법에는 여러 가지가 있을 수 있습니다. '다른 반 학생은 출입 금지'라는 문장을 쓴 종이를 크게 인쇄하여 붙여 놓을 수도 있고 엄청난 공포감을 주기 위해 혈서로 써서 붙여 놓을 수도 있겠습니다. 아니면 다른 반 친구가 들어오기를 기다렸다가 잽싸게 바나나 껍질을 던져 미끄러지게 한다든가 그것도 아니면 직접적으로 그 친구에게 다시는 우리 반에 얼씬도 하지 말라고 엄포를 놓을 수도 있겠지요. 그런데 이렇게 해결해보는 것은 어떨까요? 간단한 인공지능 코딩을 통해 우리 반 학생과 다른 반 학생의 얼굴을 인식할 수 있는 프로그램을 만드는 것입니다. 손쉽게 블록 코딩을 이용할 수도 있고 인터넷에 오픈소스로 개방되어 있는 코드를 활용해 만들 수도 있습니다. 이렇게 코딩한 코드를 교실 문과 연결하여 얼굴이 인식된 학생에게만 문이 자동으로 열리는 시스템을 만드는 것이죠. 물론 진짜 교실 문과 코딩한 파일을 연결해 실제로 문을 자동화 하기란 현실적으로는 쉽지 않은 이야기겠지만 문제 해결 접근 방식에 대한 차이점을 말씀드리고 싶은 것입니다. 문제해결력, 창의력,

융합적 사고 등 핵심역량을 갖추었다고 해도 문제 해결 방법이 시대의 흐름과 맞지 않은 방식이라면 큰 의미가 없다는 이야기입니다. 앞으로의 시대는 가히 '인공지능 시대'라고 할 수 있을 정도로 대부분의 것들이 인공지능을 기반으로 작동하게 됩니다. 이러한 사실을 뒷받침하듯 이제는 전 세계에서 단순히 핵심역량을 갖춘 인재를 넘어 인공지능을 잘 이해하고 이를 활용하고 더 나아가서 개발까지 할 수 있는 즉, 인공지능 리터러시를 갖춘 인재를 선호하고 있습니다.

📖 전 세계의 인공지능 교육

현재 세계의 여러 나라는 인공지능 교육에 그 어느 때보다 집중하고 있습니다. 인공지능을 직접 개발할 수 있는 고급 인재를 양성하는 것뿐만 아니라 학교 교육과정에도 공식적으로 인공지능 교육을 도입하여 많은 학생들에게 인공지능 소양을 기르고자 합니다. 또한 전 국민의 인공지능 리터러시 향상을 위해 일반 성인을 위한 교육에도 박차를 가하고 있지요. 누가 더 빨리 인공지능 기술을 선점하여 새 시대의 흐름을 주도하는지를 놓고 각국은 어느 때보다 치열하게 경쟁하고 있습니다. 새 시대를 리드할 수 있는 인재를 양성하기 위해 인공지능이 정규교육 과정에 들어오게 되는 것은 선택이 아닌 필수가 되었습니다. 국가 수준의 인공지능 전략을 세계 처음으로 발표한 나라는 캐나다입니다. 2017년 3월, 캐나다의 발표를 시작으로 전 세계적으로 인공지능 교육에 대한 관심은 더욱 높아졌습니다. 각 국마다 인공지능 교육을 처음 주도했던 시작의 주체는 달랐지만 점차 전문가 단체와 민간 기업 및 대학, 정부가 협업하여 인공지능 교육을 함께 발전시키는 형태로 가고 있습니다.

현재 미국에서 인공지능 교육을 주도하는 기관은 AI4K12로 이는 NSF(국가과학재단), AAAI(미국인공지능협회), CSTA(컴퓨터과학 교사 협회)가 함께 운영하는 단체입니다. 이 단체는 유초중등 학생 전체를 대상으로 하는 국가 수준의 AI 교육과정을 개발하고 있습니다. 어린 유치원 학생들부터 고등학생에 이르기까지 교육할 수 있는 구체적인 인공지능 교육과정을 개발하여 적극적으로 교육 현장에 보급하려는 노력을 하고 있습니다. 교육과정의 내용으로는 4차 산업사회를 살아가기 위해 반드시 알아야 하는 AI 관련 지식과 AI를 활용하기 위해 필요한 수행 능력을 포함하고 있습니다.

중국은 국가 주도로 인공지능 교육이 매우 활발하게 일어나고 있는 나라입니다. 2017년 '차세대 AI 발전계획'을 발표한 이후 매년 인공지능 교육과 관련된 정책을 발표하고 있습니다. 2017년 이후 매년 발표되는 정부 정책에 따라 초중등 학교에서는 인공지능 교육을 실행하기 위해 적극적으로 노력하고 있으며 현재 대도시를 중심으로 인공지능 교육이 활발히 퍼지기 시작했습니다. 인공지능 교육을 위해 기업이 개발한 교과서를 학교 현장에 보급하여 상하이 지역의 40개 고등학교는 이 인공지능 교과서로 수업을 시작하기도 했습니다.

일본도 인공지능 전문가를 양성하기 위해 'AI전략'을 수립하였습니다. 정부는 이러한 전략을 통해 인공지능 전문가를 연간 2,000명씩 양성하고 그 중에서도 최고 수준의 인재를 연간 100명씩 배출하겠다는 뜻을 밝혔습니다. 초등학교부터 컴퓨터 프로그래밍 교육을 필수화하고 중학교, 고등학교까지 AI의 기초가 되는 수업을 적용하여 고등학교 졸업 시점이 되면 100만 명의 학생이 인공지능 기초 지식을 습득할 수 있도록 계획하고 있습니다.

유럽의 상황도 알아볼까요. 독일은 2018학년도 이후 입학한 모든 초·중등 학생들에게 인공지능에 대한 기본 교육을 실시하고 직업교육과 평생교육에서도 교육과정에 인공지능 관련 내용을 편성하였습니다. 영국은 초등학교부터 중등학교까지 코딩 수업을 의무화하여 컴퓨터 프로그래밍 능력을 기르는 데 집중하고 있습니다. 간단한 코딩 프로그램인 스크래치부터 시작하여 고학년이 되면 파이썬을 배우는 컴퓨터 프로그래밍 교육을 통해 인공지능을 이해하고 기초를 쌓는 접근을 취하고 있습니다. 핀란드는 단순히 학교 교육을 넘어 2021년 말까지 모든 EU 시민의 1%가 인공지능을 이해하는 것을 목표로 인공지능 무료 온라인 코스를 개설하였습니다. 이 'Elements of AI'라는 코스는 2018년 봄에 시작되었는데 오픈 몇 개월 만에 500만 명이라는 목표치에 도달하였습니다. 이에 코스 개발자였던 헬싱키 대학과 기술 자문회사 레약또르는 세계 인구 1%에게 인공지능을 교육하는 것으로 목표를 변경하기도 했습니다.

우리나라의 인공지능 교육

인공지능 교육에 대해 우리나라는 어떤 입장을 취하고 있을까요. 우리나라 공교육에서 소프트웨어 교육을 정식으로 시작한 것은 2018년입니다. 그리고 인공지능이 전 세계적 화두가 됨에 따라 정부는 2019년 말 인공지능 국가 정책을 발표하였습니다. 이 정책에는 전 국민을 대상으로 하는 인공지능 교육, 인공지능 인재 양성이라는 내용이 포함되었고, 따라서 교육 현장에 인공지능을 도입하려는 움직임이 나타나기 시작했습니다.

2021년에는 시·도교육청별로 인공지능 교육에 대한 계획을 발표하였는데 서울시 교육청의 'AI 기반 융합 혁신미래교육 중장기 발전 계획['21~'25]'의 내용은 다음과 같습니다. 우선 추진 배경 및 필요성을 보면 '인공지능 관련 신산업의 급속한 성장에 기여할 수 있는 전문가뿐만 아니라, 인공지능의 소양을 갖춘 절대다수의 일반적, 교육공동체 모두를 위한 교육정책 필요'라고 밝히고 있습니다. 즉, 앞으로의 인공지능 교육은 소수에만 국한되는 것이 아니라 절대 다수에게 필요한 교육임을 이야기하고 있는 것이지요. 그렇다면 인공지능 교육의 요소로는 어떤 것을 꼽았을까요. 인공지능 이해 교육, 인공지능 활용 교육, 인공지능 개발 교육으로 크게 세 가지를 들고 있습니다.

각각에 대해 세부적으로 살펴보면 먼저, 인공지능 이해 교육이란 인공지능이 무엇이며 어떠한 원리로 작동되는지, 인공지능이 우리 삶에 미치는 영향은 무엇인지, 아울러 인공지능을 개발 및 사용할 때 지켜야 할 윤리에 대해 다루고 있습니다. 인공지능 활용 교육에는 인공지능 체험, 인공지능 도구 및 프로그램 활용, 인공지능 지원, 인공지능 보조가 세부항목으로 포함되고 있습니다. 마지막으로 인공지능 개발 교육은 인공지능을 만드는 교육을 의미합니다. 인공지능의 알고리즘, 머신러닝, 딥러닝에 대한 이해 및 인공지능 설계·개발·시험이 이 영역에 포함되지요.

또한 인공지능 기반 융합 교육에 대해서도 강조하고 있습니다. 앞서 언급했듯 현재의 국가 교육 과정은 핵심 역량과 융합 교육을 계속해서 강조해왔습니다. 그런데 여기에 '인공지능 기반'이라는 용어를 새롭게 추가한 것이지요. 기존의 단순한 교과 간의 융합을 넘어 이제는 인공지능을 기반으로 수리, 과학, 정보, 인문사회, 체육예술 등의 교과를 융합하고자 함을 알 수 있습니다. 그리하여 'AI 기반 융합 혁신미래교육 중장기 발전 계획['21~'25]'의 목표 또한 'AI 기반 융합 교육으로 미래 핵심역량을 갖춘 혁신적 인재 양성'이라고 설정하고 있습니다.

연령대에 따른 인공지능 교육

이렇게 세계 여러 나라에서 인공지능 교육에 힘을 쏟고, 정규 교육과정에도 인공지능 교육이 도입될 예정이라고 하니 우리 부모들의 마음이 조급해지리라 생각합니다. 그렇다면 우리 아이들에게 인공지능을 이해하고 사용하고 개발할 수 있는 즉, 인공지능 리터러시를 어떻게 길러줄 수 있을까요? 국가 기관에서 발표한 각종 문서들과 국내·외 인공지능 교육에 대한 연구 논문 등을 통해 연령대에 따른 교육 방법에 대한 힌트를 얻을 수 있습니다.

먼저, 유아에게는 놀이와 일상을 통해 인공지능을 체험하는 교육을 제안하고 있습니다. 즉, 아직 초등학교에 입학하지 않은 어린 아이들에게는 인공지능 원리가 내재된 간단한 놀이를 해주고 생활 속 인공지능 서비스를 자주 접하게 해주는 것이 필요합니다. 이를 통해 어린 시절부터 인공지능을 삶의 일부로 인식하고 활용에 대한 관심을 키울 수 있게 하는 것이지요. 초등학생에게는 놀이·체험 중심의 언플러그드 활동을 추천합니다. 여기서 언플러그드 활동이란 컴퓨터가 필요하지 않은 활동을 이야기합니다. 따라서 초등학생에게는 인공지능이 무엇이며, 어떠한 원리로 구현되는지를 이해할 수 있는 보드게임을 활용하는 것이 좋습니다. 최근에는 퀵 드로우, 오토드로우 등의 인공지능의 원리를 이해할 수 있는 쉽고 간단한 온라인 도구들도 많이 나와 있어 이를 활용하는 것도 좋습니다. 이러한 활동을 통해 학생들은 인공지능에 대한 흥미를 갖고 인공지능 학습에 대한 의지를 스스로 다질 수 있습니다. 초등학생을 대상으로 하는 인공지능 교육에 관한 연구를 보면 초등 고학년 학생들을 대상으로 '엔트리', '스크래치' 등 블록 형태의 코딩 수업을 제시하는 경우도 많습니다. 앞서 살펴본 영국과 일본에서도 초등 단계부터 코딩 학습을 의무화하고 있지요. 따라서 언플러그드 활동과 간단한 온라인 도구를 통해 인공지능에 대해 관심을 갖고 대략적인 이해를 마쳤다면 간단한 코딩을 통해 프로그래밍을 경험해 보는 것도 좋은 방법입니다.

중·고등학생이 되면 이제 인공지능의 원리를 보다 심화시켜 이해하고 이를 통해 실생활 문제를 해결해 보는 과정으로 넘어가게 됩니다. 학교에서 배운 다양한 교과 지식을 이용해 우리 생활 속 문제를 발견한 뒤 교과 지식과 인공지능 리터러시를 모두 융합하여 문제를 해결하는 것이죠. 따라서 이 수준이 되면 텍스트 기반의 파이썬 프로그래밍 언어를 배우고 이를 사용하여 간단한 프로그램을 제작하게 됩니다. 또한 이렇게 코딩한 내용을 아두이노, 마이크로비트 등과 연결해 실제적인 결과물을 만들어볼 수도 있습니다.

과학기술정보통신부와 한국과학창의재단에서 발표한 '2021년 인공지능[AI]교육 교사연구회 운영 및 공모계획' 문서에 달린 참고 문서를 보면 국내 초·중등 인공지능 교육의 내용 기준을 상세히 제 시하고 있습니다. 교육과정에 본격적으로 인공지능 교육이 도입되 는 시기는 2025년으로 예정되어 있으나 각 학교에서 자율적으로 미 리 인공지능 교육을 시행할 경우 다음의 기준을 참고하여 학교급과 학년에 맞는 적절한 교육을 실시할 수 있도록 가이드를 준 것이지요. 그렇다면 이 문서에서 제시하고 있는 초·중·고 학교급별 인공지능의 교육 목표는 어떠한지 살펴보겠습니다.

초등학교	인공지능의 기능과 원리를 놀이와 교육용 도구를 통해 체험하고, 자신의 주변에서 인공지능 기술이 적용된 사례를 탐색하고 활용할 수 있다.
중학교	인공지능 기술 발전의 원동력이 되는 데이터의 가치와 인공지능 기술의 원리를 이해하고, 실생활 문제를 해결하는 능력을 함양한다.
고등학교 심화	'인공지능 기초'의 내용을 바탕으로, 심화된 내용의 인공지능 개념과 알고 리즘을 이해하고, 인공지능 기술을 응용하여 문제를 해결할 수 있는 역량 을 기른다.

위 문서에서 제시한 초중고 인공지능 교육 내용 기준을 세부적 으로 살펴보면 다음과 같습니다.

영역	세부 영역	내용 요소				
		초등학교 1~4학년	초등학교 5~6학년	중학교	고등학교 기초 (인공지능 기초 과목)	고등학교 심화
인공지능의 이해	인공지능과 사회	• 인공지능과의 첫 만남	• 인공지능의 다양한 활용 • 약인공지능과 강인공지능	• 인공지능 발전 과정 • 튜링 테스트	• 인공지능의 개념과 특성 • 인공지능 기술의 발전과 사회변화	• 인공지능 기술의 적용 분야 • 인공지능 융복합
	인공지능과 에이전트				• 지능 에이전트의 개념과 역할	• 지능 에이전트 분석
인공지능의 이해	데이터	• 여러 가지 데이터 • 수치 데이터 시각화	• 데이터의 중요성 • 문자 데이터 시각화 • 데이터 경향성	• 데이터 수집 • 데이터 전처리 • 데이터 예측	• 데이터의 속성 • 정형 데이터와 비정형 데이터	• 데이터 속성 분석 • 빅데이터
	인식	• 컴퓨터와 사람의 인식	• 컴퓨터의 인식 방법	• 사물인식	• 센서와 인식 • 컴퓨터 비전 • 음성인식과 언어 이해	• 컴퓨터 비전 응용 • 음성 인식 응용 • 자연어 처리
	분류, 탐색, 추론	• 특징에 따라 분류하기	• 인공지능 분류 방법 • 지식 그래프	• 인공지능 탐색 방법 • 규칙 기반 추론	• 문제해결과 탐색 • 표현과 추론	• 휴리스틱 탐색 • 논리적 추론
	기계학습과 딥러닝	• 인공지능 학습 놀이 활동	• 기계학습 원리 체험	• 지도학습 • 비지도학습	• 기계학습의 개념과 활용 • 딥러닝의 개념과 활용 • 분류 모델 • 기계학습 모델 구현	• 기계학습 알고리즘 • 강화학습 원리 • 퍼셉트론과 신경망 • 심층신경망
인공지능의 사회적 영향	인공지능 영향력	• 우리에게 도움을 주는 인공지능	• 인공지능과 함께하는 삶	• 인공지능과 나의 직업	• 사회적 문제해결 • 데이터 편향성	• 인공지능과의 공존 • 알고리즘 편향성
	인공지능 윤리	−	• 인공지능의 올바른 사용	• 인공지능의 오남용 예방	• 윤리적 딜레마 • 사회적 책임과 공정성	• 인공지능 개발자 윤리 • 인공지능 도입자 윤리

※고등학교 기초는 2015 개정 교육과정 『인공지능 기초』 과목의 내용요소와 성취 기준의 수준에 따름
(출처: 2021년 인공지능[AI]교육 교사연구회 운영 및 공모계획)

다음의 표에서는 왼쪽의 표의 내용을 학년별로 좀 더 구체적으로 제시하고 있습니다. 이를 통해 연령대에 맞는 인공지능 교육을 어떻게 해야 할지 보다 실질적인 도움을 얻을 수 있습니다.

초등 1~4학년

영역	세부 영역	내용 요소	수행 기대
인공지능의 이해	인공지능과 사회	인공지능과의 첫 만남	• 인공지능이 적용된 여러 가지 기기를 체험한다. • 인공지능이 인간보다 잘하는 것을 구분한다.
	인공지능과 에이전트		
인공지능의 원리와 활용	데이터	여러 가지 데이터	• 놀이 활동을 통해 숫자와 문자를 색, 그림 등 다양한 방법으로 표현한다. • 생활 속에서 다양한 유형의 데이터(문자, 숫자, 이미지, 소리 등)를 찾아본다.
		수치 데이터 시각화	• 수치 데이터를 그래프(그림그래프, 막대그래프 등)로 표현한다.
	인식	컴퓨터의 인식 장치	• 사람의 감각 기관과 컴퓨터의 입출력 기기를 비교한다.
	분류, 탐색, 추론	특징에 따라 분류하기	• 사물의 특징을 찾아본다. • 사물의 특징에 따라 분류한다.
	기계학습과 딥러닝	인공지능 학습 놀이 활동	• 놀이 활동을 통해 인공지능의 학습 과정을 체험한다.
인공지능의 사회적 영향	인공지능의 영향	우리에게 도움을 주는 인공지능	• 우리에게 도움을 주는 인공지능 서비스 제품을 찾아본다.

출처: 2021년 인공지능[AI]교육 교사연구회 운영 및 공모계획

초등 5~6학년

영역	세부 영역	내용 요소	수행 기대
인공지능의 이해	인공지능과 사회	인공지능의 다양한 활용	• 우리 주변의 사물에 인공지능 기술을 적용할 수 있다.
	인공지능과 에이전트	약인공지능과 강인공지능	• 인공지능의 수준에 따라 약인공지능과 강인공지능을 구분할 수 있다.
인공지능의 원리와 활용	데이터	데이터의 중요성	• 인공지능 적용된 교육용 도구를 활용하여 데이터의 양과 질의 중요성을 알 수 있다.
		문자 데이터 시각화	• 문자 데이터를 시각화하여 표현할 수 있다.
		데이터 경향성	• 제시된 데이터를 통해 새로 입력된 데이터의 결과를 예측할 수 있다.
	인식	컴퓨터의 인식 방법	• 다양한 센서를 통해 입력받은 정보를 컴퓨터가 인식하는 방법을 설명할 수 있다.
	분류, 탐색, 추론	인공지능 분류 방법	• 사물의 특징을 파악하여 분류 기준을 찾을 수 있다. • 의사결정 나무를 만들어 사물을 분류할 수 있다.
		지식 그래프	• 단어의 연관 관계를 지식 그래프로 표현할 수 있다.
	기계학습과 딥러닝	인공지능 학습 놀이 활동	• 놀이 활동을 통해 인공지능의 학습 과정을 체험한다.
인공지능의 사회적 영향	인공지능의 영향	인공지능과 함께하는 삶	• 인공지능을 효율적으로 활용하기 위해 어떤 역할과 권한을 부여할지 제시할 수 있다.
	인공지능 윤리	인공지능의 올바른 사용	• 인공지능을 올바르게 사용하는 방법을 알고, 생활 속에서 실천할 수 있다.

출처: 2021년 인공지능[AI] 교육 교사연구회 운영 및 공모계획

중학교

영역	세부 영역	내용 요소	수행 기대
인공지능의 이해	인공지능과 사회	인공지능 발전 과정	• 인공지능의 발전 과정에 따른 특징을 설명할 수 있다.
		튜링 테스트	• 인간의 지능과 기계의 지능을 비교할 수 있다.
인공지능의 원리와 활용	데이터	데이터 수집	• 문제해결에 필요한 데이터 속성을 파악하고 데이터를 수집할 수 있다.
		데이터 전처리	• 수집된 데이터에서 이상치와 결측치를 찾을 수 있다. • 데이터 전처리의 필요성을 설명할 수 있다.
		데이터 예측	• 주어진 데이터 분석을 통해 알게 된 규칙으로 새로운 데이터의 결과를 예측할 수 있다.
	인식	사물 인식	• 인공지능이 다양한 센서를 통해 사물을 인식하는 원리를 알 수 있다.
	분류, 탐색, 추론	인공지능 탐색 방법	• 인공지능에서 탐색의 의미를 이해하고, 실생활에 사용되는 탐색 과정을 찾을 수 있다.
		규칙 기반 추론	• 'IF-THEN 규칙'을 활용하여 인공지능의 추론 과정을 설명할 수 있다.
	기계학습과 딥러닝	지도학습 비지도학습	• 지도학습의 의미를 이해하고, 특징을 설명할 수 있다. • 비지도학습의 의미를 이해하고, 특징을 설명할 수 있다.
인공지능의 사회적 영향	인공지능의 영향	인공지능과 나의 직업	• 인공지능 발전과 직업의 관계를 연계하여 설명할 수 있다.
	인공지능 윤리	인공지능의 오남용 예방	• 인공지능을 목적에 맞지 않거나, 과도하게 사용하여 생긴 사례를 탐색하고 예방책을 제시할 수 있다.

출처: 2021년 인공지능[AI]교육 교사연구회 운영 및 공모계획

고등학교 심화

영역	세부 영역	내용 요소	수행 기대
인공지능의 이해	인공지능과 사회	인공지능 기술의 적용 분야	• 인공지능 기술이 적용되어 사회 경제 및 산업의 변화를 이끌어낸 사례를 제시할 수 있다.
		인공지능의 융복합	• 다양한 분야에서 인공지능이 적용되어 발전된 사례를 탐색할 수 있다.
	인공지능과 에이전트	지능 에이전트 분석	• 지능 에이전트의 종류와 특징을 이해하고, 사례를 탐색할 수 있다.
인공지능의 원리와 활용	데이터	데이터 속성 분석	• 수집된 데이터의 속성을 탐색할 수 있다.
		빅데이터	• 빅데이터의 특징을 알고 인공지능과의 연계성을 설명할 수 있다.
	인식	컴퓨터 비전 응용	• 합성곱 신경망을 통해 컴퓨터 비전의 원리를 이해할 수 있다.
		음성인식 응용	• 순환신경망을 활용하여 음성 인식의 원리를 이해할 수 있다.
		자연어 처리	• 자연어 처리 기술을 통해 인간의 언어와 컴퓨터가 처리하는 방법을 설명할 수 있다.
	분류, 탐색, 추론	휴리스틱 탐색	• 인간의 경험 지식(휴리스틱)이 탐색 알고리즘에 적용되어 다양한 문제해결에 사용되는 사례를 탐색할 수 있다.
		논리적 추론	• 인간의 지식이 논리의 형태로 표현되어 추론을 통해 새로운 사실을 유도하는 과정을 사례를 들어 설명할 수 있다.
	기계학습과 딥러닝	기계학습	• 선형회귀의 원리를 통해 예측의 개념을 이해할 수 있다. • K-평균 알고리즘을 통해 군집화 개념을 이해할 수 있다. • 분할정복법을 적용한 의사결정 나무를 이해할 수 있다.
		강화학습	• 강화학습의 기본 원리를 이해하고, 다양한 사례를 탐색할 수 있다.
		퍼셉트론과 신경망	• 단일 퍼셉트론의 기본 개념과 작동 원리를 파악할 수 있다.
		심층신경망	• 심층신경망의 구조와 적용 사례를 탐색할 수 있다.

출처: 2021년 인공지능[AI]교육 교사연구회 운영 및 공모계획

2025년 인공지능 교육이 정규 교육으로 들어오고 인공지능 교육에 대한 열기가 가속화되면 사교육 역시 이에 대비하기 위해 발 빠른 준비를 하리라 생각합니다. 부모가 직접 자녀를 교육하기 힘든 경우 사교육의 도움을 받는 것은 권장하지만 학원에서 제시하는 커리큘럼을 꼼꼼히 살펴보길 추천합니다. 국가 관계 부처 합동이라는 이름으로 발표된 2020년 인공지능 시대 교육정책방향과 핵심과제라는 문서를 보면 인공지능 교육의 구성과 각 교육 내용의 역할을 다음과 같이 제시하고 있습니다.

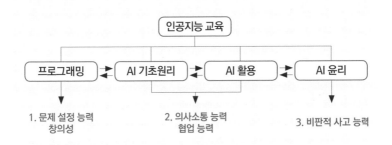

예시 인공지능(AI) 교육의 구성과 각 교육 내용의 역할

출처:『2020년 인공지능시대 교육 정책 방향과 핵심 과제』

이렇게 각종 국가 문서와 인공지능에 관한 연구 논문 등을 통해 인공지능 교육의 대략적인 흐름을 이해하고 각 연령대별로 어떤 것들을 교육해야 할지 충분한 힌트를 얻을 수 있습니다. 그러나 무엇보다도 전 세계가 인공지능 교육을 어떤 이유에서 하고 있는 것인지, 인공지능이 앞으로의 삶을 살아가는 데 있어서 왜 중요한 것인지 큰 흐름과 방향을 제대로 이해하는 것이 중요합니다. 큰 시각을 갖지 못하고 단순히 인공지능이라는 주제에만 골몰하여 이론, 코딩교육 등에만 집중한다면 이러한 교육은 큰 의미가 없기 때문입니다. 빠르고 복잡하게 변화하는 미래사회의 다양한 문제들을 해결하여 모두가 함께 잘 살 수 있는 세상을 만들기 위한 역량이 우리 아이들에게 지금 필요하다는 것, 그런데 이러한 문제를 해결하기 위해서는 이제 인공지능 기술을 이해하고 활용할 수 있어야 한다는 것, 그렇기에 지금 아이들에게 인공지능 교육이 필요하다는 것. 이러한 큰 흐름과 방향 속에 인공지능 교육이 이루어져야 함을 꼭 기억하면 좋겠습니다.

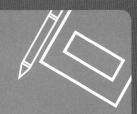

Chapter 02

인공지능을
활용한
실생활
문제 해결이
뭐예요?

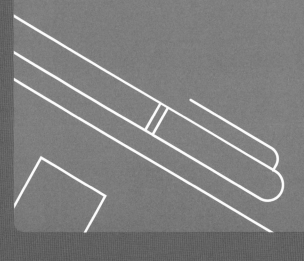

앞으로 우리 세상의 많은 문제는 인공지능을 활용해 해결하게 됩니다.
이에 따라 남들이 보지 못한 새로운 문제를 발견하여 인공지능을 통해
해결할 수 있는 인재들이 각광받게 될 것입니다. 이미 우리 삶의 문제를
해결하고 있는 다양한 인공지능의 사례를 통해 문제 발견 및 해결에 대
한 힌트를 얻을 수 있습니다.

생활 속 문제를
해결하는 인공지능

앞으로는 다양한 삶의 문제를 인공지능을 통해 해결하는 사례가 급증할 것입니다. 따라서 세상은 다른 사람이 미처 발견하지 못한 문제를 포착하여 인공지능을 활용해 해결할 수 있는 인재를 선호하게 되겠지요. 그런데 우리 삶의 문제란 무엇이고 새로운 문제를 발견한다는 것은 어떤 의미일까요. 하물며 이러한 문제들을 인공지능을 활용해 어떻게 해결한다는 것인지 얼른 와닿지 않습니다. 그리하여 현재 우리들 삶의 많은 문제들을 해결해주고 있는 인공지능의 예를 살펴보려 합니다. 다양한 사례들을 통해 우리 주변의 문제를 발견한다는 것이 어떤 것인지, 이를 인공지능을 통해 해결한다는 것이 어떤 의미인지 이해할 수 있을 것입니다. 또한 앞으로 새로운 문제를 발견하기 위해 우리 아이들이 어떠한 태도를 가져야 하며 이를 해결하기 위해 어떠한 인공지능 소양을 기르면 좋을지에 대한 아이디어도 추가로 얻을 수 있을 것입니다. 더불어 다양한 예시들을 살펴보다 보면 인공지능이 크게 어떠한 원리로 문제들을 해결해 나가는지 그 과정을 짐작해볼 수도 있습니다. 여러 사례를 관통하는 공통점, 즉 인공지능의 문제 해결 과정을 나름대로 분석해보며 앞으로의 이야기를 읽어나가면 더욱 도움이 될 것입니다.

건강한 생활을 위한 인공지능

가장 먼저 소개하고 싶은 내용은 바로 미국의 IBM에서 개발된 인공지능 의사 왓슨입니다. 왓슨은 290종의 의학 저널과 200종의 교과서, 1,200만 장 이상의 의학 관련 자료를 단 20분도 안 되는 시간에 공부하여 의사들이 환자를 진단할 때 많은 도움을 주고 있습니다. 엑스레이, 초음파 등의 사진을 보고 어떤 문제가 생겼는지, 어떤 약을 쓰는 것이 좋을지, 어떻게 치료를 하면 금방 나을 수 있을지 등을 진단하는 것이지요. 정확도는 96% 이상입니다. 물론 최종 결정은 사람 의사가 내리지만 의사는 이렇게 인공지능의 도움을 받아 환자들을 신속하고 정확하게 치료할 수 있습니다. 우리나라에서는 2016년 가천대 길병원에서 왓슨을 최초로 도입하였는데 만족도가 높아 추가로 도입 예정에 있습니다.

인공지능 기술이 들어간 각종 건강 애플리케이션들도 점점 개발되고 있습니다. 앱을 실행한 후 어디가 아픈지 증상을 입력하거나 다친 부위를 사진 찍어 업로드하면 인공지능이 분석한 뒤 알맞은 처방을 내려줄 수 있습니다. '위피아스'라는 앱은 실제로 개발되어 여러 사람들이 사용하고 있는데, 이 앱은 화상을 입은 사람들을 도와주는 앱입니다. 화상을 입은 부위를 사진 찍어 업로드하면 앱에 들어있는 인공지능이 상처를 판독하고 의사를 연결해주거나 어떻게 처치해야 하고 어떻게 관리해야 하는지를 알려줍니다. 이러한 앱들은 갑작스레 사고를 당했거나 당장 병원에 갈 수 없는 상황 등에서 매우 유용하게 사용될 수 있습니다.

건강과 관련한 앱 중 빠질 수 없는 것이 바로 운동과 식이요법에 관한 것입니다. 특히 코로나와 같은 상황에선 바깥 시설을 이용하지 못해 집에서 운동하는 사람들의 비율이 늘었지요. 비싼 돈을 들여 운동을 하지 않아도 되니 앞으로 집에서 운동하는 사람들의 수는 더욱 늘어날 전망입니다. 이러한 상황에서 홈트레이닝에 인공지능을 결합한 서비스들이 엄청난 인기를 얻었습니다. 인공지능이 탑재된 운동 서비스 앱은 사용자의 어깨, 팔꿈치, 골반, 무릎 등의 모습을 인식하여 동작을 제대로 따라하고 있는지 아닌지 실시간으로 계속 모니터 합니다. 그리고 이러한 운동 앱은 스마트 워치와 연동되는 것들도 많아 스마트 워치를 찬 상태에서 운동 앱을 실행시켜 운동을 하면 사용자의 몸 상태를 계속 관찰하고 기록할 수 있습니다. 그리고 스마트 워치는 사용자의 몸 상태를 실시간으로 앱에게 알려주지요. 따라서 사용자의 몸 상태가 지쳐있다면 앱은 운동의 강도가 약한 영상을 보여주고, 다시 몸이 안정되면 운동 강도가 좀 더 높은 영상을 보여줄 수 있습니다. 또한 운동을 모두 마친 후 스마트 워치가 기록한 사용자의 몸 상태는 앱으로 전송되어 기록은 매일 매일 꾸준히 쌓이게 되지요. 이러한 기록을 바탕으로 앱은 점점 사용자의 몸 상태에 딱 맞는 맞춤 운동을 설계해줍니다. 마치 개인 코치를 둔 것처럼 말입니다.

이번에는 식습관에 도움을 주는 앱을 살펴볼까요. 인공지능 기능이 탑재된 앱들은 칼로리는 적으면서 영양분이 있는 균형 잡힌 다이어트 식단들을 학습했습니다. 그리고 이 세상에 있는 다양한 먹

거리들의 영양소, 칼로리 등도 전부 자세하게 공부했지요. 사람들은 이러한 앱을 통해 인공지능이 추천해주는 식단을 따라하며 건강한 몸을 유지할 수 있습니다. 이렇게 식단을 추천해주는 것에서 더 나아가 사용자가 식단대로 식사를 할 수 없었을 경우 앱은 사용자가 먹은 음식들의 칼로리가 얼마인지 계산해주기도 합니다. '다이어트 카메라'라는 앱은 사용자가 먹은 음식 사진을 찍어 업로드하면 사진을 보고 칼로리를 계산하고 영양소를 분석해줍니다. 그리고 앞으로 몇 칼로리를 더 먹어도 되는지, 어떤 종류의 음식을 먹으면 영양소의 균형을 맞출 수 있는지도 알려줍니다.

공공 서비스에 도움을 주는 인공지능

공공 서비스 분야도 인공지능의 도움이 꼭 필요한 분야 중 하나입니다. 다수의 국민이 이용하는 서비스이다 보니 아무리 많은 인력이 투입되어 민원을 해결한다 해도 속도와 질적인 면에서 아쉬운 부분이 있기 때문입니다. 먼저 미국의 사례를 살펴볼까요. 미국은 전 세계에서 온 이민자나 또 새롭게 미국에서 시민권을 얻고자 하는 사람들로 항상 북적이는 나라입니다. 우리나라 국민만 상대하기도 버거운데 각국에서 몰려온 사람들의 이민, 시민권에 관한 일들을 처리하기란 얼마나 힘이 들까요. 따라서 이러한 문제를 쉽게 해결하기 위해 바로 인공지능 챗봇 EMMA를 도입했습니다. EMMA는 이민, 시민권과 관련된 사람들의 질문에 무엇이 있는지, 그리고 이러한 질문에 어떻게 대답해야 하는지를 전부 학습하였습니다. 그리고 EMMA는 이렇게 공부한 내용을 바탕으로 한 달에 무려 50만 건의 질문들을 처리하고 있습니다. 서비스를 제공하는 사람들과 서비스를 받는 사람들 모두에게 엄청난 도움이 되었음은 물론입니다.

우리나라에도 이러한 인공지능 챗봇이 공공 서비스 분야에 많이 도입되고 있습니다. 우리나라 법무부 역시 사람들이 자주 문의하는 주택·상가 임대차(한쪽은 상대에게 물건을 사용하게 하고 한쪽은 물건을 사용하며 돈을 지급하는 것을 내용으로 하는 약속), 임금, 해고, 상속과 관련된 문제를 신속히 해결하게 하는 챗봇 서비스 '버비'를 만들었습니다. 경기도도 지방세 분야와 관련된 질문을 신속히 처리하기 위한 '지방세 상담봇'이라는 것을 만들어 운영하고 있습니다. 이 지방세 상담봇은 사람들에게 제대로 답변해주기 위해 그동안 인터넷에 올라왔던 1,398개의 질문과 지방세와 관련된 1,717개의 용어 등 4,115건의 데이터를 공부했다고 합니다. 마지막으로 소개하고 싶은 챗봇은 '뚜봇'

입니다. 대구에서 공공서비스를 보다 원활히 제공하기 위해 만든 챗봇 뚜봇은 여권 서비스, 차량등록, 대구의 주요 정보, 지역 축제 등 다양한 분야에 대한 정보를 제공하고 있습니다. 뚜봇 역시 대구 달구벌 콜센터에 걸려왔던 40만 건의 전화 내용과 57,000여 건의 정보 등 어마어마한 내용을 학습하였습니다. 앞으로는 또 어떤 공공 서비스 분야에 인공지능이 도입이 되어 사람들을 편리하게 해줄지 기대가 됩니다.

안전한 생활을 위한 인공지능

이번에는 인공지능이 보다 안전한 세상을 만들기 위해 어떤 일들을 하고 있는지 알아볼까요. 먼저 인공지능 로봇 경찰에 대한 이야기입니다. 두바이는 2017년 5월 24일 세계 최초로 로봇 경찰 시스템을 도입했습니다. 이 로봇 경찰들은 영어, 아랍어, 중국어, 프랑스어 등 9개국의 언어를 이해할 수 있고 사람들의 얼굴도 인식할 수 있어서 범죄자를 찾아낼 수 있지요. 최근 이렇게 이미지를 인식하는 인공지능이 엄청나게 발달하면서 특히 안전과 관련된 문제에 많이 활용되고 있습니다. 중국의 인공지능 CCTV가 범죄자를 검거한 이야기는 무척 유명합니다. 중국에서 31살의 한 남성이 범죄를 저지르고 숨어 다니는 중이었습니다. 중국에서는 이 남자를 전국에 수배하고 계속 찾아다니던 중이었지요. 그런데 하루는 이 사람이 홍콩 스타의 콘서트가 무척 보고 싶었나 봅니다. 그 콘서트에는 5만 명의 관중이 모일 것으로 예상되었고 자신의 집에서도 90km 떨어진 먼 곳이었기에 안전하다고 생각했겠지요. '설마 사람이 이렇게 많은데 잡히겠어.' 하는 생각이 들었을 것입니다. 그래서 이 남성은 아내와 콘서트장에 갔고 콘서트장에 입장하기 위해 카메라를 통과했는데 이 카메라가 바로 인공지능 카메라였던 것이었습니다. 인공지능 카메라는 이 남자의 얼굴이 전국에 붙은 수배자의 얼굴과 일치한다는 것을 바로 알아차렸고, 남자는 5만 명이나 모인 콘서트장에서 바로 검거되었습니다. 만약 콘서트장에 들어가는 입구를 사람이 지켰다면 어땠을까요. 5만 명이나 되는 사람들의 얼굴을 수배자의 사진과 대조해보면서 확인하기에는 엄청 힘들지 않았을까요. 정확성도 떨어지고 말입니다.

인공지능은 이렇게 사람들의 얼굴을 인식해서 범죄자를 검거하는 데 도움을 줄 수도 있지만 형사들이 사건을 수사하는데도 큰 도움을 줍니다. 그동안 일어난 범죄 기록 및 수사 기록을 모조리 공부한 인공지능 덕분입니다. 인공지능은 이러한 기록물들을 공부하면서 비슷한 범죄들끼리 구분하고 특징도 발견합니다. '이런 범죄 유형에선 범죄자들이 주로 이러한 단어를 사용하는군.', '이런 범죄 유형에선 범죄자들이 공통적으로 이러한 행동을 하는군.' 하는 식으로 말입니다. 또 이런 범죄자들을 어떤 방법을 이용했을 때 쉽게 검거할수 있었는지도 전부 학습합니다. 자, 이제 사건이 발생했다고 가정해볼까요. 경찰서에 범죄 신고가 들어왔습니다. 신고를 받은 형사는 범죄 신고의 내용을 인공지능 기능을 탑재한 컴퓨터에 입력하겠지요. 이제 인공지능은 자신이 공부했던 내용을 떠올려 신고된 사건을 분석하고 해결방법을 형사에게 제시해 줍니다. 최종 판단은 물론 형사가 하겠지만 이렇게 열심히 공부한 인공지능이라면 믿을 만하지 않을까요.

인공지능은 또한 아직 일어나지 않은 범죄를 미리 예측하고 이를 방지할 수도 있습니다. 미국 네브래스카주 링컨 경찰은 그동안 링컨에서 일어났던 5년간의 범죄 기록 11만 건을 인공지능에게 학습시켰습니다. 이 기록들을 통해 인공지능은 범죄가 일어나는 방식에도 공통점이나 어떤 패턴이 있다는 것을 발견하게 됩니다. 예를 들어 '비가 오는 금요일 새벽 2시~3시 사이에는 감시카메라가 없는 공원 구석에서 살인사건이 발생할 확률이 평소보다 80%가 높다.'라는 식으로 말이지요. 이러한 예측을 통해 경찰은 비가 오는 날이면 미리 공원에 가 순찰을 돈다든지 평소보다 순찰을 더 자주 돈다든지 하는 방식으로 범죄를 예방할 수 있습니다. 실제로 2013년 미국의 펜실베이니아주의 소도시 레딩에서는 이러한 범죄 예측 프로그램 '프레드폴(Predpol)'을 도입한 결과 1년 만에 강도 사건이 23% 감소했다고 밝히기도 했습니다.[6]

일본에서는 아동학대를 예방하고 해결할 수 있는 인공지능 단말기도 사용하고 있습니다. 아동학대는 현장에 도착했을 때 이것이 아동학대로 인한 문제인지 아닌지 그 진위를 밝혀내기 힘들고 인력도 많이 소모됩니다. 그런데 인공지능은 이러한 아동학대 사건과 관련된 5,000건 이상의 데이터를 공부하였습니다. 따라서 이 인공지능을 탑재한 단말기를 들고 현장으로 출동하면 아동학대인지 아닌지 확인할 수 있습니다. 만약 아동학대로 판별되면 아이를 일시 보호소로 옮기거나 가해자를 처벌할 수도 있지요. 또한 이 인공지능은 아이몸에 난 상처도 단순 사고에 의한 것인지 아니면 학대로 인해 생긴 것인지 가려낼 수 있다고 합니다.

마지막은 화재 예방과 관련된 내용입니다. 지금까지 내용을 살펴본 바 인공지능이 어떻게 아직 일어나지 않은 화재를 미리 예측할

---

6 캐시오닐. (2016). 『대량살상 수학무기』, 흐름출판.

수 있는지 감이 오시나요. 맞습니다. 그동안 화재가 발생한 지역 및 화재와 관련된 정보를 모두 학습한 것이지요. 학습을 통해 화재 발생의 일정한 패턴을 발견한 후 앞으로 화재가 발생할 지역이 어디인지 예측한 것입니다. 이렇게 하여 사람들은 인공지능이 예측한 지역에 미리 가서 화재가 발생하지 않도록 조치를 취할 수 있습니다. 미국 애틀랜타 소방본부와 조지아 공과 대학, 에모리 대학교, 어바인 캘리포니아 대학의 연구원들과 협력하여 개발한 화재 예측 인공지능은 화재 사고를 73%나 정확히 예측했다고 합니다.[7]

한편 우리나라 대전에서는 지하철에서 화재가 발생했을 때 승객들이 신속히 대피할 수 있도록 돕는 인공지능을 개발하여 시범 서비스를 보이기도 했습니다. 애초에 화재가 발생하지 않도록 하는 것이 가장 좋겠지만 만약 화재가 발생했다면 신속히 사람들을 대피시켜야 인명피해를 막을 수 있겠지요. 특히 지하철과 같이 사람이 많고 복잡한 곳에서는 신속한 대피가 가장 중요할 것입니다. 지하철역에 부착된 센서들은 대기 중의 일산화탄소 농도 등을 기록하여 이러한 데이터를 인공지능 프로그램으로 전송합니다. 화재 발생 시 인공지능 프로그램은 그동안 공부했던 내용을 바탕으로 전달받은 데이터가 평소와 다르다는 것을 발견하고 화재가 났음을 인지합니다. 또

---

7 김길수. (2019). 『공공 부문에서 인공지능 활용에 관한 연구』, 한국자치행정학보 제33권 제1호.

한 각 구역별 데이터를 분석하여 어느 곳으로 대피해야 할지도 판단합니다. 즉, '이 구역은 온도가 너무 높고 일산화탄소가 정상 범위 이상이므로 대피 불가. 이 구역은 온도가 아직 많이 높지 않고 일산화탄소 농도도 정상 범위와 비슷하므로 대피 가능' 등으로 지하철역의 각 구역을 평가하는 것이지요. 그리고 이러한 인공지능의 평가 결과는 지하철역 천장에 있는 레이저 표시기와 모니터에 전달됩니다. 대피 가능이라는 평가 결과를 받은 레이저 표시기는 밝은 불빛을 지하철역 바닥에 표시하고 모니터에도 대피 장소에 관한 정보가 제공됩니다. 따라서 승객들은 레이저 표시기의 불빛과 모니터의 정보를 보고 안전하게 대피할 수 있습니다.

🎧 환경에 도움을 주는 인공지능

이번에는 인공지능이 환경을 위해 어떤 일을 할 수 있는지 살펴보겠습니다. 먼저 쓰레기 처리를 도와주는 인공지능에 대한 이야기입니다. 요즘 아파트 분리수거를 보면 쓰레기가 한가득 쌓여있습니다. 사람들이 분리수거를 제대로 하지 않아 여기저기 쓰레기가 나

뒹굴고 있는 모습도 볼 수 있지요. 때때로 수거업체에서는 수거를 거부하기까지 하고 있습니다. 환경 문제가 점점 중요한 문제로 다뤄지면서 이러한 문제를 해결하기 위한 인공지능 역시 다양해지고 있습니다.

먼저 제주도로 함께 가볼까요. 제주도는 평소 관광객이 많고 특히 외국인 관광객도 많은 지역입니다. 그런데 사람들이 쓰레기를 제대로 버리지 않아 이 문제를 해결하기 위해 인공지능을 도입하였습니다. 해당 인공지능은 플라스틱, 유리병을 구분할 수 있고 제품에 붙어있는 라벨의 글씨까지 알아볼 수 있습니다. 따라서 사람들이 쓰레기를 버리면 쓰레기들이 적당한 곳에 잘 구분되어 버려졌는지, 쓰레기통에 제대로 들어갔는지 판단할 수 있습니다. 또한 이 인공지능은 일본어, 중국어, 한국어를 모두 구사할 수 있어 사람들이 쓰레기통 근처에 쓰레기를 버리러 오면 세 나라의 언어로 쓰레기를 잘 버릴 수 있도록 안내 방송을 하기도 합니다.

자, 이제 쓰레기통에 쓰레기가 모두 차게 되면 차량이 와서 수거를 해 가야 합니다. 그런데 차량이 최대한 효율적으로 쓰레기들을 수거하기 위해선 어떤 지역의 쓰레기통이 빨리 차고, 어떤 지역의 쓰레기통이 얼마나 찼고, 어느 요일 정도 되면 쓰레기가 다 차는지 등을 알면 좋을 것입니다. 그래야 불필요하게 여러 번 왔다 갔다 하지 않고 한번에 지역들을 싹 돌면서 쓰레기를 수거해갈 수 있을 테니 말이지요. 쓰레기통에 설치된 센서는 센서에서 기록한 정보를 인공지능 프로그램으로 전달합니다. 따라서 직접 쓰레기를 보러 가지 않아도 차량을 관리하는 사람들은 쓰레기통의 상황을 알 수 있지요. 또한 이러한 데이터들을 분석하여 차량의 동선과 스케줄도 계획할 수 있습니다. 인공지능 쓰레기통은 사람들이 쓰레기 분리수거를 잘 하도록 돕는 동시에 쓰레기 수거 차량이 보다 효율적으로 일할 수 있도록 돕기도 하는 것이지요.

경기도 과천시에는 재활용 자판기가 있습니다. 이 자판기 역시 인공지능이 탑재된 것으로 이 자판기의 이름은 '네프론'이라고 합니다. 사람들이 재활용 쓰레기를 네프론에 넣으면 네프론이 알아서 이 쓰레기들을 분리하여 캔은 캔류에, 플라스틱은 플라스틱류 등에 분류를 합니다. 그리고 사람들이 재활용 쓰레기를 투입한 만큼 사람들에게 포인트를 주기도 합니다. 이 포인트는 물론 현금처럼 사용할 수 있습니다. 이번에 소개할 사례는 인공지능을 도입한 대형 생활폐기물 처리 서비스입니다. 침대, 텔레비전, 책상 등 부피가 큰 대형폐기물은 분리수거장에 내놓는 것만 해도 일인데 별도로 스티커까지 사서 부착해야 합니다. 그리하여 서울 은평구에서는 사람들의 이러한 불편을 줄여주기 위해 지능형 대형 생활폐기물 서비스 구축 사업을 2017년부터 시작했습니다. 가구나 소파 등 대형 생활폐기물을 버리고 싶은 주민들이 스마트폰으로 이를 촬영하면 인공지능이 이미지를 인식한 뒤 요금을 알려주고 사람들은 별도의 스티커를 살 필요 없이 스마트폰을 이용해 요금을 바로 결제할 수 있는 시스템이지요. 그리고 이 폐기물을 재활용장에 내놓으면 수거 업체에서는 대형폐기물의 위치를 자동으로 수신하고 수거를 진행하게 됩니다.

 편리한 서비스를 제공하는 인공지능

지금부터 이야기하는 인공지능 서비스는 아마 여러분이 실생활에서 가장 생생하게 접해 본 사례일 것 같습니다. 여러분 모두 평소 음원 플랫폼을 이용해 음악을 많이 들으시지요. 음원을 재생해주는 플랫폼들에는 편리한 기능이 많습니다. 그 날의 날씨에 맞는 음악도 목록으로 제시해주고 사용자가 그동안 많이 재생했던 노래들을 모아주기도 하고 또, 사용자가 좋아하는 노래와 비슷한 분위기의 노래들을 추천해 주기도 합니다. 음악 플랫폼의 인공지능은 플랫폼을 이용하는 사용자들의 정보를 모두 알고 있습니다. 성별, 연령대, 좋아하는 음악 취향, 어느 시간대에 어떤 장르의 노래를 듣는지 등 말이지요. 인공지능은 사용자들의 정보를 바탕으로 사용자들을 비슷한 그룹끼리 분류합니다. 예를 들어 30대 여성이며 평소 힙합과 댄스곡을 즐겨 듣는 저를 인공지능이 A 그룹으로 분류했다고 생각해봅시다. 그 그룹 안에는 저와 비슷한 정보를 가진 사람들이 함께 속해있겠지요. 그렇다면 그들이 들었던 노래를 저 또한 좋아하리라고 예상하고 같은 그룹에 속한 사람들이 즐겨듣는 노래를 저에게도 추천하는 것입니다. 또한 저의 플랫폼 사용 양상에 따라 저는 언제든지 다른 그룹에 속하게 될 수도 있습니다. 인공지능은 이렇게 사용자들의 사용 패턴을 계속 학습하고 스스로 분류하여 사용자들에게 맞춤 서비스를 제공할 수 있습니다. 음악 플랫폼뿐 아니라 영상을 볼 때 자주 사용하는 '넷플릭스', '유튜브'와 같은 영상 플랫폼의 원리도 동일합니다. 영상플랫폼을 구독하는 사용자에 대해 실시간으로 학습하는 인공지능 플랫폼은 사용자들의 성향에 맞는 영상을 계속해서 추천해줄 수 있는 것이지요.

서울의 한 도서관에서는 인공지능이 책을 추천해주기도 합니다. 여러분 모두 도서관에 가서 수많은 책들 중 어느 책을 찾아야 할지 몰라 이 책 저 책 집었다가 내려놓은 경험이 있을 것입니다. 그런데 이 도서관에서는 인공지능이 탑재된 '플라이북'이라는 키오스크의 도움을 받아 원하는 책을 쉽게 고를 수 있습니다. 성별, 나이, 관심사 등 개인 정보뿐 아니라 현재 나의 감정에 대해서도 플라이북에 입력할 수 있습니다. 인공지능은 이렇게 사용자가 입력한 정보를 자신이 미리 공부해두었던 기존의 사용자 정보와 비교해가며 사용자에게 알맞은 책을 추천해줍니다.

인공지능 서비스에서 빼놓을 수 없는 또 다른 분야는 바로 패션입니다. 패션 분야의 인공지능 서비스도 기본적인 원리는 음악 추천, 영상 추천, 책 추천 플랫폼의 원리와 비슷합니다. 먼저 나에게 딱 맞는 옷을 추천해주는 '스티치픽스(Stitch Fix)'라는 사이트의 사례를 이야기해볼까요. 스티치픽스에 접속하면 고객은 '스타일 퀴즈'라는 것을 풀게 됩니다. 질문 수가 꽤 많고 질문의 내용도 매우 구체적입니다. 이제 인공지능은 이러한 정보를 통해 고객의 신체사이즈는 물론 어떤 취향을 가졌는지, 고객이 옷을 사는 데 얼마나 많은 돈을 쓸 수 있는지 등을 알게 됩니다. 그리고 인공지능은 사용자와 비슷한 성향의 고객들이 그동안 어떤 물건들을 구매하였고 좋아했었는지 스스로 분류해 두었던 목록에서 정보를 찾습니다. 이를 바탕으로 사용자에게 가장 어울리는 옷을 추천해주는 것이지요. 이 '스티치픽스'는 외국에서 서비스하는 사이트인데 이제는 국내에도 '마이 스타일 랩',

'카카오스타일', '에이블리' 등 인공지능 쇼핑 서비스가 많이 도입되고 있습니다.

지금까지 서비스 분야에 도입된 인공지능 사례를 알아보았는데 여러분은 혹시 공통점을 발견하셨나요. 맞습니다. 음악, 영상, 책, 패션 등 분야는 모두 다르지만 비슷한 원리로 작동하고 있습니다. 인공지능이 각각 플랫폼을 사용하는 소비자의 특성에 대해서 학습한 뒤 이러한 학습 내용을 바탕으로 비슷한 소비자들끼리 그룹화 하고 같은 그룹에 속한 소비자가 사용한 서비스를 같은 그룹 내의 다른 소비자에게도 추천해주는 것입니다. 이러한 서비스들은 고객에 대한 정보가 많아야 하기 때문에 더 많은 사람들이 더 자주 쓸수록 추천에 대한 정확도가 높아질 수 있습니다.

그런데 단순히 영상, 책, 음악, 패션 등을 추천해 주는 것을 넘어 사용자에게 딱 맞는 사람까지 추천해 주는 사례도 등장했습니다. 정말 놀라운 일이지요. 바로 일본 도쿄 북쪽에 위치한 사이타마현이라는 도시에서 있었던 일입니다. 사용자에 대한 정보를 인공지능에게 세부적으로 입력하면 인공지능은 사용자들의 나이, 학력, 연봉, 취미, 가치관 등을 모두 알 수 있고 비슷한 성향을 가진 사람을 짝지어 추천할 수 있습니다. 앞에서 말한 일본의 사이타마현이라는 도시는 결혼 기피 현상이 심각하다고 합니다. 결혼 기피는 저출산, 고령화 등의 문제로도 이어질 수 있어 일본 정부가 208억 원이나 들여 인공지능이 추천해 주는 이 배우자 매칭 시스템을 지원했다고 합니다. 이렇게 인공지능은 궁합이 잘 맞을 것 같은 사람들끼리 만날 수 있도록 중매를 섰고 소기의 성과도 있었다고 하니, 앞으로는 또 어떤 맞춤 서비스들이 나오게 될지 매우 기대가 되는 대목입니다.

이번에는 서비스 분야에서 자주 사용되는 다른 서비스의 예들을 살펴볼까요. 서비스 분야에서 앞으로 많이 활용되게 될 인공지능 중 하나는 바로 사람을 대신해 전화를 직접 받아 주문, 예약, 배달까지 처리해주는 시스템입니다. 이 인공지능들이 어떻게 전화를 받고 고객을 응대하는지 촬영한 영상은 인터넷에서 쉽게 찾을 수 있습니다. 구글의 듀플렉스는 미용실 예약을 도와주고[8] 네이버의 AI CALL[9]은 음식점 예약을 도와주었습니다. 어찌나 자연스럽게 통화하던지 아무 정보가 없는 사람이 이 영상을 본다면 마치 사람들끼리 대화를 한다고 착각할 정도입니다. 삼성의 포지큐브도 주문, 예약, 배달까지 스스로 처리하는 인공지능 서비스를 내놓았습니다.

---

8 유튜브(2018.5.9.) 새로운 구글 AI는 낯선 사람과 실제 대화를 나눌 수 있습니다. https://youtu.be/lXUQ-DdSDoE
9 유튜브(2019.8.27.) 사람? 인공지능? 구분 가능함?? 전화 예약 대신 잡아주는 네이버 AI콜 시연 영상. https://youtu.be/zNHr_xK9tV8

그런데 이렇게 전화로 고객을 응대하는 인공지능이 있으면 현장에서 직접 고객을 응대하는 인공지능도 당연히 발달했겠지요. 패밀리 레스토랑이나 대형 음식점에서는 로봇이 음식을 갖다주는 일도 심심치 않게 볼 수 있습니다. 바로 이 로봇에도 인공지능 기술이 탑재되어 있습니다. 앞으로는 이렇게 사람들에게 직접 서비스를 제공하는 인공지능 로봇이 많이 발달할 전망입니다. 미국 보스턴에는 음식의 조리부터 서빙, 설거지까지 모두 로봇이 하는 로봇 레스토랑 스파이스가 오픈하기도 했지요. 주방에도 물론 사람이 있는데 이 사람은 로봇이 만든 음식에 토핑을 추가하는 일을 한다고 합니다.

창착 활동을 돕는 인공지능

그동안 창작은 오로지 사람만이 할 수 있는 분야로 여겨졌습니다. 기계가 대신할 수 없는 영역이라고 생각했지요. 그런데 이러한 창작에 도전장을 내민 인공지능이 등장했습니다. 여러분은 혹시 '하연'이라는 가수의 노래를 들어본 적이 있나요. 하연은 유명한 인기 그룹 '소녀시대'의 멤버 태연의 동생입니다. 이 하연의 데뷔곡이 바로 인공지능이 만든 곡이었습니다. 이 인공지능 작곡가는 국내의 한 교수팀이 개발하였는데 이름은 EvoM(이봄)입니다. 이봄은 여러 가지 대중음악들을 공부하고 사람들이 어떠한 멜로디, 어떠한 템포, 어떠한 구성을 좋아하는지 등을 공부하여 사람들이 좋아할 만한 노래를 작곡하였습니다. AI가 만든 동요 앨범도 나왔습니다. 아이들에게 인기가 많은 국내 애니메이션 '신비아파트'의 캐릭터가 노래한 동요 5곡과 뮤직비디오 2편이 수록된 '신비와 노래해요'라는 앨범입니다.[10] 물론 맨 마지막 작업은 인간 편곡자가 인공지능이 작곡한 노래를 다듬어 최종 완성하였지만 이를 통해 다시 한 번 인공지능의 창작 가능성을 확인할 수 있게 되었습니다.

인공지능이 그린 그림이 5억 원 이상에 팔린 사례도 있습니다. 프랑스의 오비어스라는 그룹에서 인공지능에게 시대에 따른 초상화 1만 5,000장을 공부하도록 했습니다. 인공지능은 이렇게 공부한 내용을 바탕으로 〈에드몬드 드 벨라미〉라는 새로운 초상화를 창작했습니다. 이 작품은 인공지능이 그렸다는 사실만으로도 놀라웠지만 2018년 미국에서 진행된 경매에서 약 5억 원 이상에 낙찰되어 더욱 화제가 되었습니다. 그렇다면 이러한 인공지능이 영화에 도전하지 말라는 법도 없겠지요. 실제로 영화 창작에 인공지능을 도입하려

---

10 유튜브(2020.9.24.) 할로윈이야 AI송. https://youtu.be/VITG-8oV2_o

는 시도도 계속되고 있습니다. 일론 머스크는 인류에 기여하는 안전한 인공지능을 개발할 목적으로 오픈AI라는 연구소를 세웠는데 이곳에서 개발된 대표 프로그램이 'GPT-3'입니다. 자연어 처리에 탁월한 이 GPT-3를 이용해 미국 채프먼 대학교 학생들이 2020년 단편영화 시나리오를 작성하였습니다. 이를 바탕으로 제작된 짧은 영상은 유튜브에서도 만나볼 수 있습니다.[11] 검색어에 'Solicitors A.I.'를 입력한 뒤 설정 메뉴에서 자막을 활성화하면 인공지능이 쓴 시나리오의 내용을 확인할 수 있습니다. 앞부분의 시나리오는 인간이 쓴 것이고 뒷부분은 인공지능이 쓴 내용입니다. 영상의 54초 무렵 '지금부터 영화의 나머지는 인공지능이 쓴 것입니다'라는 자막을 통해 확인할 수 있습니다.

인공지능의 창작 사례는 이뿐만이 아닙니다. 뉴스 기사를 쓰는 인공지능도 있습니다. 미국의 뉴욕타임스에는 인공지능이 쓴 짧은 스포츠 기사가 실린 사례가 있고 워싱턴포스트, 포브스, AP 통신 등의 언론사에서도 기사를 쓸 때 인공지능을 활용한다고 합니다. 국내에서는 2020년 4월에 연합뉴스에서 인공지능이 쓴 기사를 선보여 주목을 끌었습니다. 그동안 인공지능이 쓴 기사들은 앞서 이야기한 스포츠 경기 결과나 증권 관련 기사가 주를 이뤘는데 연합뉴스의 인

---

11 유튜브(2020.10.14.) Solicitors | A.I. Written Short Film. https://www.youtube.com/watch?v=AmX3GDJ47wo

공지능이 쓴 기사는 날씨예보 기사였다는 점이 흥미로웠습니다. 인공지능이 그동안 공부했던 내용을 바탕으로 스스로 대기 상태를 분석한 뒤 이에 맞는 기사까지 작성한 것이었으니 말이지요.

자, 이제 창작과 관련하여 마지막으로 소개할 내용은 바로 광고의 카피를 쓰는 인공지능입니다. 광고 카피는 사람들에게 광고를 효과적으로 인식하게 하는 대표 문장입니다. 예를 들면 전 국민이 다 알고 있는 에이스 침대의 '침대는 가구가 아닙니다'와 같은 문장이지요. 이런 광고 카피는 짧은 문장으로 많은 사람의 마음을 사로잡아야 하기 때문에 인간의 창의성이 많이 필요한 영역입니다. 그런데 이러한 광고 카피도 이젠 인공지능이 쓸 수 있게 되었습니다. 중국의 '알리바바'라는 유명한 전자상거래업체는 일 초당 2만 줄의 광고 카피를 쓰는 인공지능을 개발하였고, 영국 여행사 '버진 홀리데이'는 사람들에게 보내는 이메일 광고에 인공지능이 쓴 광고 카피를 활용하고 있습니다. 사람이 쓴 광고 카피를 사용해 이메일을 보냈을 때보다 인공지능이 쓴 카페를 활용해 이메일을 보냈을 때 사람들이 이메일을 열어본 비율이 10%나 높아졌다고 합니다. 세계에서 유명한 금융 기업 중 하나인 JP 모건 체이스라는 회사도 페이스북용 광고와 이메일 광고에는 인공지능이 쓴 카피를 도입한다고 밝혔습니다. 인간이 만든 카피를 활용한 광고보다 인공지능이 만든 카피를 활용한 광고를 사람들이 더 많이 클릭하는 경우가 많게는 2배 이상이라고 하니 인간의 영역으로만 간주되었던 창의성에도 영향을 미치는 인공지능의 힘을 실감하게 되는 부분입니다.

🎓 기타 생활 속 인공지능

채용 현장에 인공지능을 도입하는 사례 또한 늘고 있습니다. 우선 서류심사에서부터 인공지능을 도입하는 기업들이 많습니다. 큰 회사일수록 엄청난 수의 지원자들이 몰릴 테고 지원자들의 서류를 몇몇의 사람들이 꼼꼼하게 다 읽는다는 것은 생각만으로도 피곤한 일입니다. 그래서 이러한 문제를 해결하기 위해 인공지능이 도입된 것이지요. 인공지능은 그동안 해당 회사에 합격한 사람들이 제출했던 서류 내용을 전부 공부하고 어떤 서류를 냈던 사람들이 면접의 기회를 얻었는지도 모두 학습합니다. 또 해당 회사는 어떤 인재를 선호하는지 회사에 대한 정보도 모두 알고 있습니다. 이러한 내용을 바탕으로 지원자가 서류를 제출하면 인공지능이 평가를 해 합격 불합격 여부를 판단합니다. 서류를 통과해 면접을 볼 때도 인공지능이 많은 도움을 줄 수 있습니다. 지금까지 보통 면접이라고 하면 심사위원과 지원자가 마주 앉아 심사위원이 질문을 하면 지원자가 대답을 하고 심사위원이 이를 평가해 채용을 결정하는 방식이 주를 이뤘습니다. 그런데 이러한 방식으로 사람을 뽑게 되면 지원자의 외모나 분위기, 심사위원의 그날의 기분 등 주관적인 요소가 개입할 소지가 많아지지요. 기업 입장에선 사람을 제대로 뽑는 것이 중요한데 이렇게 주관적인 요소가 개입하여 혹시라도 사람을 잘못 뽑게 되면 큰 손해가 아닐 수 없습니다. 따라서 최근에는 이렇게 면대면 면접을 하기보단 역량평가시스템이라는 것을 활용하여 주관적 요소나 외부 요인을 최소화하는 방향으로 면접을 하고 있습니다. 물론 이러한 문항 개발 및 평가에는 인공지능이 활용되고 있습니다.

우리 생활 속 문제를 해결하는 인공지능에는 대학생활 부적응자를 미리 예측해 대학생활에 잘 적응할 수 있도록 돕는 인공지능도 있습니다. 고등학교를 졸업하고 대학에 입학했는데 의외로 많은 학생들이 자신이 선택한 전공과 맞지 않다고 뒤늦게 판단하고 자신이 상상한 대학생활과 실제 생활에 거리를 느껴 중도 포기하는 경우가 있습니다. 이는 학생과 대학 모두에게 좋지 않은 일이겠지요. 따라서 국내의 한 대학에서는 이러한 문제를 해결하기 위해 인공지능을 도입했습니다. 그동안 학교생활에 잘 적응하지 못하고 중도에 학교를 그만두거나 휴학을 했던 학생들의 데이터를 모아 인공지능에게 학습하도록 한 것입니다. 인공지능은 이런 학생들에게서 나타나는 특징들을 분석합니다. 이를 통해 대학은 신입생이 입학했을 때 인공지능이 발견한 부적응의 징후를 보이는 학생들이 있으면 학교에 잘 적응할 수 있도록 적극적으로 도와 학업을 무사히 끝마칠 수 있도록 도울 수 있게 되었습니다.

이제 마지막으로 의회에 도입된 인공지능을 알아보겠습니다. 에스토니아는 인공지능을 의회에 적극적으로 도입한 나라 중 하나인데 101명의 의원 중 한 명은 인공지능입니다. 인공지능에게 국회의원의 자격을 부여한 것이지요. 물론 이 인공지능은 실제로 국회의원과 같은 일을 처리한다고 보기보다는 상징적인 의미가 큽니다. 그래도 실제 국회의원이 의사결정을 내릴 때에 많은 도움을 제공하고 있습니다. 국회의원이 의사결정을 하기 위해서는 의료, 경제, 법 등 각 분야에 대해 지식이 풍부해야 하고 각 분야에서 실제 어떠한 일들이 일어나고 있는지 데이터 분석도 철저히 해야 하는데 인공지능은 이런 지식들을 빠르게 공부할 수 있고 객관적으로 분석할 수 있습니다. 따라서 이렇게 인공지능이 분석한 데이터를 기반으로 국회의원들은 보다 합리적인 의사결정을 할 수 있습니다. 앞으로는 인공지능 국회의원을 만나게 되는 곳이 더 많아질 전망입니다.

지금까지 우리 생활 속 다양한 인공지능에 대해 살펴보았습니다. 이제 문제를 발견하고 인공지능을 통해 해결한다는 것이 어떤 의미인지 이해가 되시는지요. 문제를 발견한다는 것은 사람들의 어려움을 적극적으로 들여다보고 기존의 기술로 실현되고 있는 것들에 대한 보완점을 찾는 일입니다. 예를 들어 야외에서 운동을 할 수 없는 코로나 상황에서 누군가는 문제의식을 갖고 이러한 문제를 해결하기 위해 홈트레이닝 서비스를 떠올립니다. 그런데 또 누군가는 이러한 홈트레이닝 서비스에서 또 다른 문제를 발견합니다. 영상 속 동작을 제대로 따라하고 있는지 아닌지 사용자가 어려움을 겪는 것이지요. 그리고 이 문제를 인공지능의 이미지 인식 기술을 이용해 멋지게 해결합니다. 이러한 관점으로 세상을 바라본다면 이 세상은 해결하고 싶은 문제로 가득 찬 새로운 세상으로 달리 보이기 시작할 것입니다. 또한 인공지능에 대해 이해하고 있다면 이러한 문제를 인공지능을 활용해 해결하고자 시도하게 될 것입니다. 미래시대를 살아갈 아이들에게 필요한 태도는 바로 이렇게 실생활 속 문제를 발견하고 인공지능을 활용해 해결 방법을 적극적으로 탐구하는 태도입니다. 여러분이 한 발 앞서 걸으며 여러분의 자녀를 올바른 방향으로 이끌어주시길 기대합니다.

education in the future

Chapter 03

인공지능은
어떻게
문제를
해결하나요?

우리들이 문제를 해결하는 과정을 떠올려봅시다. 우리는 살면서 다양한 경험을 통해 여러 가지 지식을 습득합니다. 그리고 학교, 학원 등에서 직접적인 공부를 하며 지식을 쌓아갑니다. 그리고 이렇게 경험하고 공부한 내용을 바탕으로 생각하고 판단하여 주어진 문제를 하나씩 해결해갑니다. 인공지능이 문제를 해결하는 과정 역시 이와 크게 다르지 않습니다.

앞 장에서 인공지능이 우리 삶의 문제들을 해결하는 데 어떻게 도움을 주는지 자세히 살펴보았습니다. 그렇다면 인공지능은 이러한 문제들을 어떻게 해결할 수 있는 것일까요. 그 과정에 대한 깊은 이해까지는 아니더라도 대략적인 지식을 갖추는 일은 인공지능 시대에 필요한 소양일 것입니다. 그리하여 이번 장에서는 인공지능이 문제를 해결하는 과정에 대해 살펴보려 합니다.

혹시 여러분은 앞 장에서 소개한 인공지능의 문제 해결 과정을 보며 공통점을 발견하셨나요. 큰 틀에서 인공지능이 문제를 해결하는 과정이 다음과 같다는 사실을 눈치채셨는지요. 즉, 방대한 양의 정보를 공부한 뒤 자신이 공부한 내용을 바탕으로 판단을 내려 사람들을 돕는다는 사실 말입니다. 인공지능 의사는 수많은 의학 관련 지식을 공부하고, 식단 앱은 이 세상에 존재하는 다양한 다이어트 식단들을, 또 작곡을 돕는 인공지능은 음악에 관한 많은 정보를 공부하였습니다. 또, 이미지를 인식하는 인공지능은 사물을 인식하기 위해 엄청난 양의 사진을 공부하였지요. 그리고 이렇게 공부한 내용을 바탕으로 인공지능은 의사가 진단을 내리는 데에 도움을 제공하고 사람들에게 식단을 추천하고 사람들이 좋아할 만한 음악을 만들거나 범죄자의 얼굴을 인식하는 데 정보를 제공합니다.

그런데 이는 인간들이 학습하고 판단하고 문제를 해결하는 과정과 크게 다르지 않은 것 같습니다. 사람들 역시 문제집, 참고서, 교과서, 책, 영상, 인터넷 등에 있는 다양한 정보들을 교재 삼아 공부합니다. 물론 직접적인 공부를 하지 않아도 살면서 다양한 경험을 통해 자연스레 얻어지는 지식들도 있습니다. 어찌 됐든 우리들은 이렇게 살면서 쌓아 온 지식들을 기반으로 우리들에게 주어진 문제를 판단하고 하나씩 해결해 갑니다.

그렇다면 여기서 이런 질문을 할 수 있을 것입니다. 인공지능은 우리들이 공부하고 경험해서 알고 있는 지식들을 어떻게 컴퓨터에 저장할 수 있으며 또 그 내용들을 어떻게 공부하고, 또 그것들을 이용해 어떻게 판단을 내려 문제를 해결하는지 말입니다. 지금부터는 이러한 질문에 대한 궁금증을 해소해보려 합니다. 사실 이 부분에 대한 이야기는 굉장히 어렵고 복잡합니다. 어려운 수학적 지식, 컴퓨터와 관련된 지식이 있어야 깊은 이해가 가능한 부분입니다. 그러나 이 책에선 기초적인 수준에서 누구나 이해할 수 있는 정도로만 쉽게 설명해보려 합니다. 큰 흐름에서 인공지능이 문제를 해결하는 과정을 이해하고 우리 생활 속에서 자동하는 인공지능의 원리를 간단히 이해할 수 있는 수준 정도로만 접근하려 합니다. 그러나 이를 통해서도 인공지능의 기본적인 작동원리와 생활 속 인공지능을 이해하고 활용하는 데에는 무리가 없을 것입니다.

인공지능이
학습하는 교재

인공지능, 도대체 무엇일까

먼저 인공지능이라는 용어에 대해 간단히 짚고 넘어가볼까요. 인공지능을 정의하는 방식은 매우 다양합니다. 또한 명확한 하나의 정의로 통일이 되지도 않은 상황이지요. 그러나 다양한 정의들을 종합해보면 공통적으로 주변 상황을 인지하고 지능적으로 문제를 해결하는 데 도움을 주는 기술이라는 데에는 이견이 없는 것 같습니다. 그렇다면 인공지능을 컴퓨터라고 이야기하지 않고 기술이라고 한 이유는 무엇일까요. 컴퓨터 자체는 지능을 갖고 있지 않은 까닭입니다.

지능은 고사하고 컴퓨터 그 자체는 처음에는 어떠한 쓰임새도 어떠한 능력도 정해지지 않은 무(無)의 상태와 다름없다고 볼 수 있습니다. 이러한 컴퓨터는 어떠한 소프트웨어를 장착하는지에 따라 비로소 그 쓰임새가 정해지지요. 물론 여러 가지 종류의 소프트웨어를 장착한 컴퓨터는 다양한 일을 할 수도 있습니다. 자, 이러한 컴퓨터에 매우 똑똑하게 일 처리를 할 수 있는 소프트웨어들을 심어주는 것입니다. 이렇게 컴퓨터에 탑재된 지능적인 소프트웨어가 인공지능이 될 것이고요. 따라서 이제 컴퓨터는 마치 사람이 하는 것처럼, 어떤 일은 사람이 하는 일 그 이상으로 똑똑하게 문제를 해결할 수 있게 됩니다.

그렇다면 어떠한 방법으로 똑똑한 소프트웨어를 개발하여 컴퓨터에 넣어줄 수 있는 것일까요. 많은 학자들이 이 부분에 대해 고민하기 시작했고 바로 이러한 고민의 과정이 인공지능 기술 개발의 역사라고 할 수 있겠습니다. 만약 여러분이 컴퓨터를 똑똑하게 만들어야 한다면 어떤 방법을 사용할 것 같나요. 이미지 인식과 관련된 예를 생각해볼까요. 물론 지금은 인공지능 기술을 적용한 컴퓨터가 다양한 이미지를 인식하여 생활 속 많은 문제를 해결합니다. 앞서 사례에도 언급했듯 이미지 인식 기술로 범죄자를 검거하고 분리수거를 돕고 사람들의 운동 자세도 교정해주었죠. 그러나 맨 처음 컴퓨터에게 이렇게 이미지를 인식하는 방법을 알려주는 것은 쉬운 결코 일이 아니었습니다.

컴퓨터에게 사과와 딸기를 구별하는 방법부터 알려준다고 생각해봅시다. 초기의 연구자들은 자신들이 아는 지식들을 컴퓨터에 전부 입력하여 알려주는 방법을 택했습니다. '사과는 붉다, 사과는 둥글다, 사과는 꼭지가 있다, 딸기는 붉다, 딸기는 아래가 뾰족한 모양이다, 딸기는 씨가 있다' 하는 식으로 말이지요. 그리고 이러한 지식을 바탕으로 컴퓨터가 판단할 수 있도록 일련의 순서도 정해주어야겠지요. 즉 '붉은 색인가 → 아래가 둥근가/아래가 뾰족한가 → 씨가 있는가/씨가 없는가 → 별모양 꼭지가 있는가/별모양 꼭지가 없는가 → 사과/딸기'와 같은 방법으로 컴퓨터가 판단할 수 있는 경로를 만들어주는 것입니다. 이렇게 컴퓨터가 판단할 수 있는 경로를 만든 것을 알고리즘이라고 합니다. 이러한 알고리즘을 컴퓨터가 알아들을 수 있는 프로그래밍 언어를 이용해 바꾸어주는 것이 코딩이고요. 이렇게 코딩을 통해 탄생한 프로그램에 우리들이 새로운 사과나 딸기 사진을 넣으면 프로그램은 사진을 보고 사과인지 딸기인지 알려주게 됩니다.

그런데 위와 같은 방법으로 컴퓨터에게 문제를 해결할 수 있도록 한다고 생각해봅시다. 세상에는 그야말로 셀 수 없는 방대한 지식들이 있지요. 이러한 지식을 일일이 컴퓨터가 알아들을 수 있는 언어를 이용해 알고리즘을 만든다는 것은 보통 일이 아닐 것입니다. 또한 그 지식이라는 것도 사람마다 생각이 달라 하나로 통일하여 입력해 줄 수도 없는 노릇입니다. 또한 딸기와 사과의 모양은 얼마나 다양하던가요. 뒤집어진 딸기, 누가 일부분을 깨물어 먹은 딸기, 꼭지가 떨어진 사과, 아직 완벽히 익지 않은 푸른빛이 살짝 감도는 사과 등 사과와 딸기만 해도 모양이 수백수천 가지가 될 것입니다. 단순한 딸기와 사과의 특성만으로 코딩하여 만든 프로그램에 예외적인 모양의 사과나 딸기의 사진을 넣으면 판단의 정확도는 떨어질 수밖에 없습니다. 그렇다고 이러한 예외적인 특성을 전부 반영해 알고리즘을 만든다는 것은 거의 불가능에 가까울 것입니다.

그리하여 사람들은 컴퓨터가 똑똑하게 문제를 해결할 수 있도록 만들기 위해 다른 방법을 찾게 됩니다. 물론 이러한 방법을 시도할 수 있었던 이유에는 새로운 기술이 함께 발전했기 때문입니다. 이에 대한 자세한 이야기는 다음 부분에서 차근히 다루도록 하겠습니다. 어찌 됐든 새로운 기술들이 발달하여 이번에는 귀납적인 방법으로 컴퓨터를 가르치고자 하는 시도가 가능하게 되었습니다. 즉, 엄청나게 많은 방대한 데이터를 컴퓨터에게 보여줌으로써 컴퓨터가 이를 학습할 수 있게 하는 방법입니다. 다시 사과와 딸기 이야기로 돌아가 볼까요. 이제는 컴퓨터에게 이 세상에 존재하는 무수히 많은 사과와 딸기의 모습을 보여주고 가르쳐줍니다. '이렇게 생긴 것은 사과야, 이렇게 생긴 것은 딸기야' 하고 말이지요. 심지어 '이거는 사과야, 이거는 딸기야' 하고 직접적으로 말해주지 않고 사진만 보여준 뒤 컴퓨터 스스로 학습하게 할 수도 있습니다. 이러한 방법이 가능하게 된 것은 앞서 이야기했듯 신경망, 컴퓨터의 발달, 딥러닝 등 여러 분야의 발달이 함께 있었기 때문입니다. 그러나 만약 엄청난 수의 데이터가 없었다면 이러한 방법이 가능했을까요? 실제로 신경망에 관한 아이디어는 일찍이 있었지만 이를 실현하기 힘들었던 것은 방대한 데이터를 모으는 것이 불가능했기 때문입니다. 이렇게 다른 기술이 발달했다 하더라도 훈련에 사용할 데이터 양이 부족하다면 그것은 무용지물이 될 수 있는 것이지요. 그런데 이제는 어마어마한 양의 데이터를 모으는 것이 가능해졌습니다. 데이터는 사람들이 공부하는 과정에 빗대어 본다면 공부할 때 사용하는 교재에 해당됩니다. 그렇다면 인공지능을 만들기 위해 사용되는 교재 즉, 이러한 방대한 양의 데이터는 어떻게 해서 만들어지게 된 것일까요.

인공지능의 학습 교재, 빅데이터

먼저 데이터의 뜻을 살펴봅시다. 포털의 어학사전에선 데이터의 의미를 '컴퓨터가 처리할 수 있는 문자, 숫자, 소리, 그림 따위의 형태로 된 정보'라고 정의하고 있습니다. 그렇습니다. 흔히 우리들이 생각하는 동영상, 사진, 텍스트, 숫자 등이 전부 데이터이지요. 그렇다면 왜 '빅'이라는 말이 새롭게 붙어 사용되는 걸까요. 바로 데이터가 생산되는 속도와 양이 기존에 비해 어마어마하게 많아지고 빨라졌기 때문입니다. 우리들이 하루 중 생산하는 데이터만 보더라도 그 양이 얼마나 많고 실시간으로 생성되는지 바로 이해할 수 있을 것입니다.

저는 아침에 눈을 뜨면 스마트폰을 가장 먼저 확인합니다. 제가 잠든 사이에 수신된 SNS의 알림을 클릭합니다. 저의 SNS 접속 시간이 데이터로 생성되었습니다. 매일 아침 비슷한 시간에 생성되는 접속 기록을 통해 저의 기상 시간 데이터 또한 자연스레 수집될 수 있습니다. 출근 준비를 마치고 학교로 향합니다. 내비게이션을 작동시키는 순간 저의 이동 경로가 데이터로 생성됩니다. 제가 사는 집, 직장의 위치 정보, 출근 시간 등도 모두 데이터로 남습니다. 그뿐만 아니라 제가 운전하는 속도, 습관 등도 전부 기록됩니다. 학교에 도착해 컴퓨터를 켜 지난 날 퇴근 후 도착한 메신저를 확인합니다. 메신저의 내용, 메신저를 확인한 시간 등이 모두 데이터가 됩니다. 이제는 문서 작성 프로그램에 책을 위한 원고 작성을 합니다. 문서 데이터가 만들어졌습니다. 그런데 책을 쓰다 보니 머리가 아프네요. 잠시 인터넷 서핑을 합니다. 제가 방문한 웹사이트, 클릭한 기사, 기사를 읽은 시간 등이 전부 데이터로 남습니다. 이를 통해 제가 어떤 분야에 관심이 있는지 저의 관심사도 함께 수집됩니다. 이는 아침에 일어나서 약 두 시간 반 동안 제가 생성한 데이터들입니다. 그런데 이 세상에는 수많은 인구가 살고 있습니다. 이렇게 전 지구인이 전 생애에 걸쳐 실시간으로 생성하는 데이터들이 얼마나 많을지 생각해봅시다. 신용카드 거래 내역, 은행 입출금 내역, 검색 기록, 이동 경로, 가계부 · 교통 · 일기 등의 앱 사용 기록까지 그야말로 어마어마한 '빅'데이터가 아닐 수 없습니다.

이 외에도 우리들이 생성하는 데이터는 상상 이상입니다. SNS를 보며 누르는 '좋아요' 버튼, 게시물에 입력하는 댓글, 클릭하는 광고가 데이터가 된다는 것은 이제 초등학생들도 알고 있는 내용입니다. 그런데 이 외에 우리들이 연애 중인지, 솔로인지, 외로운지, 행복한지 등도 전부 데이터화 된다는 사실을 알고 있는지요. 넷플릭스 다큐멘터리 〈소셜 딜레마〉를 보면 한 개인에 대해 생성되는 데이터들이 얼마나 세밀하고 사적인지 자세히 알 수 있습니다. SNS에 올린 남자친구 사진과 그에 대한 해시태그를 통해 나와 남자친구의 관계가 데이터로 남습니다. 그런데 언젠가부터 SNS에 올린 남자친구의 사진이 사라지고 그와 친구 관계를 차단함으로써 남자친구와 이별한 상황 또한 데이터로 기록됩니다. 그리고 잠이 오지 않는 늦은 밤전 남자친구의 SNS에 몰래 들어가 그의 일상을 들여다보는 것 또한 전부 데이터로 남습니다. 이를 통해 내가 아직 그 남자에게 미련이 있다는 것, 비가 내리는 새벽에 내가 그를 주로 생각한다는 것까지 전부 데이터로 수집되고 있습니다.

빅데이터가 가능해진 이유는

이렇게 우리들이 일상생활에서 실시간으로 엄청난 양의 데이터를 만들게 되고 뿐만 아니라 이를 수집하여 인공지능이 학습하는 재료로까지 삼을 수 있게 된 가장 큰 이유는 인터넷이 발달했기 때문입니다. 기존에는 제각각 놓인 컴퓨터들이 서로 연결되지 못하고 따라서 컴퓨터끼리 정보를 주고받는 일도 힘들었습니다. 별도의 디스

켓, CD, USB 등의 저장 공간을 준비해 그것들을 통해 정보를 주고받았지요. 그런데 인터넷이 발달하며 컴퓨터끼리의 정보 공유가 활발해지게 되었습니다. 따라서 인터넷을 통해 각종 컴퓨터들이 생산해내는 다양한 데이터들을 주고받는 것이 가능해지고 한데 모을 수도 있게 되었습니다.

그런데 여기에 스마트폰이라는 것이 등장하고 스마트폰 또한 전부 인터넷으로 연결되며 전 세계 인구가 생성하는 어마어마한 양의 데이터 수집이 가능해졌습니다. 또한 이렇게 방대하게 쏟아지는 데이터를 저장하기 위해 클라우드라는 기술도 함께 발전하였지요. 예를 들어 인스타그램은 인터넷을 통해 연결된 전 세계 수억 명의 사람들이 실시간으로 생성하는 데이터를 수집할 수 있습니다. 그런데 이러한 양의 데이터를 감당하려면 엄청난 크기의 저장 공간이 필요하겠지요. 그런데 이를 하나의 거대한 공간에 모두 저장하고 데이터를 처리하는 것이 아니라 인터넷으로 연결된 여러 대의 값싼 컴퓨터에 나누어 저장하여 보관할 수 있습니다. 이것이 클라우드의 개념입니다. 이렇게 여러 대로 나누어진 컴퓨터들이 데이터를 저장하고 처리하기 때문에 하나의 컴퓨터가 데이터를 혼자 처리했을 때보다 처리 속도도 훨씬 빨라지게 되었습니다.

이렇게 컴퓨터와 스마트폰이 생성하는 데이터만으로도 그 양과 속도가 어마어마한데 여기에 사물인터넷까지 추가되었습니다. 기존에는 인터넷이라는 망 안에 컴퓨터와 스마트폰이 연결되어 정보를 주고받았다면 이제는 센서를 부착한 건조기, 세탁기, 에어컨, CCTV, 인공지능 스피커 등의 사물인터넷도 함께 들어와 다양한 정보를 주고받게 된 것입니다. 그리하여 내가 주로 어느 시간대에 얼마나 많은 양의 빨래를 하는지, 우리 집의 대체적인 온도와 습도는 어떠한지, 우리 가족은 어느 방향의 에어컨 바람을 선호하는지, 내가 집을 비운 사이 우리 집 강아지와 고양이는 어떻게 생활하는지, 우리 가족은 스피커에 주로 어떤 내용을 검색하는지 등도 전부 데이터로 수집됩니다. 이를 통해 사물인터넷을 만들고 서비스하는 업체에서는 우리 가정에서 발생하는 데이터는 물론 제품을 사용하는 모든 사용자 가정에 대한 데이터 또한 수집할 수 있게 되었습니다.

한편, 몰라보게 좋아지고 있는 컴퓨터의 성능과 더 많은 범위를 더 빠른 속도로 연결하는 인터넷 네트워크 기술의 발달도 빅데이터를 가능케 하는 중요한 요소입니다. 양자컴퓨터에 대한 연구가 활발히 진행되고 본격적인 5G 시대를 앞둔 지금, 앞으로 생성될 데이터의 양은 얼마나 많아지게 될까요. 이제는 빅데이터라는 말로도 모자라 '초울트라 데이터'라는 말이 무색하지 않을 것 같습니다.

인공지능이
학습하는 방법

✎ 기계학습은 무엇일까

앞서 우리들이 문제를 해결하는 과정에 대해 간단히 살펴보았습니다. 즉, 경험적으로든 직접적인 공부를 통해서든 다양한 방식으로 습득한 지식을 토대로 생각하고 판단하여 주어진 문제를 해결한다는 것이었습니다. 그리고 인공지능이 문제를 해결하는 과정도 이와 크게 다르지 않다는 것과 각종 지식을 갖춘 똑똑한 프로그램을 만들기 위해 컴퓨터에게 방대한 데이터를 보여주며 학습을 시킨다는 것도 이야기하였습니다. 이때 사용되는 방대한 자료가 빅데이터라는 것과 빅데이터를 수집하는 것이 가능하게 된 이유에 대해서도 다루었습니다.

자, 그렇다면 이제는 이러한 빅데이터를 어떠한 방법으로 학습을 시켜 많은 지식으로 무장한 똑똑한 프로그램을 만든다는 것인지 그 이야기를 해보려 합니다. 먼저 기계학습이라는 용어에 대해 알아보겠습니다. 머신러닝이라는 말로도 자주 사용되는 기계학습은 다음과 같은 의미에서 컴퓨터를 똑똑하게 만드는 획기적인 방법으로 자리 잡게 되었습니다. 앞서 사과와 딸기를 구분하는 에서 언급했습니다만 초창기에는 이를 구분하기 위한 경로, 즉 알고리즘을 사람들이 손으로 일일이 만들었습니다. 그런데 이렇게 알고리즘을 만드는 일은 엄청난 논리력과 수리력을 요하는 일이었고 여러 가지 예시에 두루 적용되는 알고리즘을 만든다는 것이 보통 일이 아니었습니다. 그런데 이제는 사람이 직접 알고리즘을 만드는 것이 아니라 컴퓨터가 직접 알고리즘을 만들게 된 것입니다. 이렇게 컴퓨터가 스스로 알고리즘을 만들 수 있도록 학습 시키는 것을 바로 기계학습이라고 합니다. 물론 컴퓨터가 스스로 알고리즘을 만들 수 있게 하기 위해선 새로운 알고리즘을 만들 수 있도록 하는 알고리즘이 필요합니다. 즉, 기계학습이란 알고리즘이 알고리즘을 만들 수 있도록 훈련시키는 일이라고 설명할 수 있습니다.

좀 더 이해하기 쉽도록 예를 들어 설명하겠습니다. 저에게 지금 엄청난 양의 딸기와 사과 사진이 있다고 가정해봅시다. 저는 딸기와 사과를 구분할 수 있는 똑똑한 프로그램을 만들어 컴퓨터에 넣어주고 싶습니다. 그렇다고 제가 딸기와 사진을 구분할 수 있는 방법을 일일이 논리적으로 정렬하여 알고리즘을 만드는 것은 아닙니다. 이제 사람이 직접 알고리즘을 만들지 않아도 컴퓨터가 스스로 알고리즘을 만들 수 있게 된 까닭입니다. 그런데 이렇게 컴퓨터가 알고리즘을 스스로 만들 수 있게 하기 위해서는 사람이 이를 가능하게 할 수 있는 알고리즘을 제시해 주어야 합니다. 따라서 저는 이미 개발되어 있는 알고리즘 중 어떤 알고리즘을 사용할지 생각합니다. 의사결정트리, 랜덤포레스트, 베이즈 분류 모형, K-평균 군집화, 로지스틱 분류, 신경망 등 알고리즘의 수가 참 다양합니다. 저는 이들 중 신경망이라는 알고리즘을 택했습니다. 자, 이 신경망 알고리즘에 준비해 둔 딸기와 사과 사진들을 입력해주었습니다. 신경망 알고리즘은 딸기와 사과 사진을 보며 딸기와 사과를 구분할 수 있는 새로운 알고리즘을 만들어 냈습니다. 자, 이렇게 탄생한 새로운 알고리즘에 신경망이 공부할 때 사용하지 않았던 새로운 사과와 딸기 사진을 시험 삼아 입력해봅니다. 새로운 알고리즘은 사과 사진을 보고 '사과', 딸기 사진을 보고 '딸기'라고 정확히 인식했습니다. 이렇게 사과와 딸기를 인식하는 새로운 프로그램이 완성되었습니다.

이러한 예시를 살펴보니 기계학습이라는 것이 무엇인지 이해가 좀 되시는지요. 이렇게 기계학습은 알고리즘이 알고리즘을 만들 수 있도록 학습을 시킨다는 의미입니다. 그리고 예시에서도 살펴보았듯 알고리즘이 알고리즘을 만들 수 있게 하려면 사람이 우선 적절한 알고리즘을 설계해주어야 합니다. 이러한 알고리즘엔 의사결정 트리, 랜덤포레스트, 베이즈 분류 모형, K-평균 군집화, 로지스틱 분류, 신경망 등 다양한 종류가 있다는 것도 이야기를 하였습니다. 가장 간단한 알고리즘을 살펴볼까요. 우리들이 중학교 1학년 때 배우는 1차 함수 그래프도 알고리즘이 될 수 있습니다.

이 역시 마찬가지로 이해를 돕기 위해 예를 들어 설명해 보겠습니다. 공부하는 시간과 성적의 상관관계를 분석하는 새로운 알고리즘을 만드는 것을 목표로 한다고 해 봅시다. 저에게는 수많은 학생들의 데이터가 있습니다. A 학생은 하루 평균 6시간 공부했더니 85점을 받았고, B 학생은 하루 평균 8시간 공부했더니 95점을 받았다는 식의 정보입니다. 이러한 데이터들을 그래프로 나타내보겠습니다.

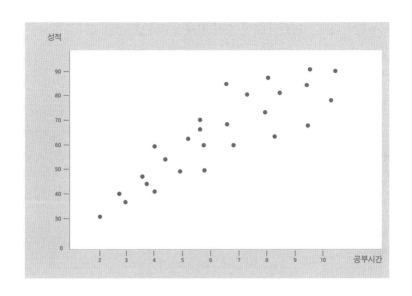

　　이러한 데이터들을 통해 공부시간과 성적에는 어떤 관계가 있는지 알고 싶습니다. 이를 통해 나는 몇 시간을 공부하면 어떤 점수를 받게 될지 예측까지 하고 싶습니다. 이러한 알고리즘을 만들기 위해 기계학습을 시키려고 합니다. 우선 어떤 알고리즘을 주고 데이터를 학습하게 하여 새로운 알고리즘을 만들어내게 할까 고민합니다. 그래프의 모양을 보니 직선 모양의 1차 함수로 표현할 수 있을 것 같아 1차 함수 알고리즘을 이용하기로 결정했습니다. 1차 함수 그래프의 식은 $y=ax+b$입니다. 이제 이렇게 흩어진 데이터들을 가장 잘 표현할 수 있는 직선 그래프를 찾기 위해 1차 함수 알고리즘으로 기계학습을 시킬 것입니다. 여기서 기계학습을 통해 얻고자 하는 값은 a와

b의 값입니다. a와 b의 값에 따라 아래의 그림과 같이 그래프 모양은 천차만별로 달라질 수 있기 때문입니다.

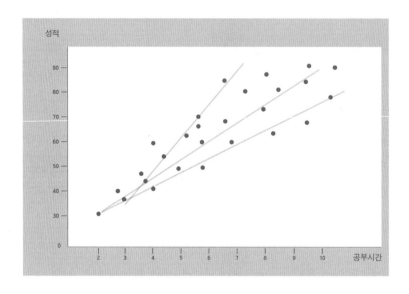

　　이제 1차 함수 알고리즘은 스스로 무수히 많은 데이터들을 입력해보고 반복적으로 시행착오를 거치며 데이터들을 최적으로 표현할 수 있는 그래프의 모양을 찾습니다. 그 최적의 그래프에 사용된 a값과 b값을 찾아 하나의 함수식으로 표현합니다. 즉, 새로운 알고리즘이 만들어지게 되는 것입니다. 이렇게 탄생한 a와 b의 값을 예를 들어 각각 2와 55라고 가정하면 $y=2x+55$라는 알고리즘이 만들어지게 되는 것이지요. 자, 이렇게 완성된 알고리즘을 통해 공부시간에

따른 성적을 예측할 수 있습니다. 만약 어떤 학생이 5시간 공부했을 때 어느 정도의 점수를 받을 수 있는지 예측하고 싶다면 x에 5를 넣어볼 수 있습니다. 그러했을 때 이 알고리즘은 65점 정도를 받을 수 있다고 예측해줍니다.

앞에서 언급한 예는 기계학습을 설명하기 위해 가상으로 만든 굉장히 간단하고 쉬운 상황입니다. 실제 기계학습이 사용되는 상황에선 데이터의 양과 분포가 상당히 복잡하게 됩니다. 또한 선 모양 즉, 선형 그래프로 데이터를 나타낸다고 해도 단순히 1차 함수 그래프를 사용하지 않습니다. 또한 데이터의 양과 분포, 성격에 따라 그래프의 모양도 선형이 아닌 여러 가지 곡선으로 나타날 수 있습니다. 이러한 경우 그래프를 표현하는 함수의 계수도 단순히 a와 b가 아닌 그 개수가 늘어나게 됩니다. 어찌 됐든, 기계학습을 할 때에는 이렇게 데이터의 성격과 문제의 성격에 맞게 어떤 알고리즘을 택해 기계학습을 시킬 것인지를 함께 정해주어야 합니다. 기계학습을 시킬 수 있는 다양한 알고리즘에 대한 이해가 왜 필요한지 알 수 있는 대목입니다.

🎓 기계학습 알고리즘의 한 종류, 신경망

저는 지금 여러 가지 문제를 해결할 수 있는 똑똑한 컴퓨터를 만드는 방법에 대해 이야기하고 있습니다. 컴퓨터가 학습에 사용하는 빅데이터와 기계학습에 관한 이야기, 또 기계학습을 위해 제공해주어야 하는 알고리즘에 대해서도 이야기했습니다. 이번에는 이러한 알고리즘 중 특히 신경망에 대해 알아보고자 합니다.

컴퓨터는 모든 것을 숫자로 인식합니다. 따라서 컴퓨터가 학습하는 데 사용하는 데이터도 숫자로 변환해야 하고, 컴퓨터가 학습할 수 있도록 사전에 제공해주어야 하는 알고리즘도 수식으로 표현되어야 합니다. 이러한 알고리즘을 이용해 컴퓨터가 새로 만들어내게 되는 알고리즘 역시 수식으로 표현될 수 있어야 할 것입니다. 그런데 앞서 1차 함수에서 본 것과 같이 수식에는 함수의 모양을 결정 짓는 a, b와 같은 값들이 있습니다. 데이터를 가장 잘 표현할 수 있는 그래프를 찾고 그러한 그래프를 결정짓는 a와 b의 값을 찾는 것이 결국 기계학습의 목표라고 했습니다. 그런데 데이터의 분포들을 최대한 자세하고 정밀하게 표현하고 싶다면 단순히 직선의 형태로만 데이터를 표현하기에는 한계가 있을 것입니다. 조금 전의 예시를 다시 살펴볼까요.

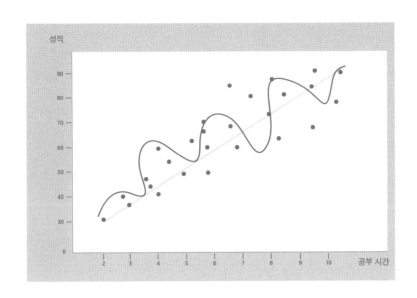

데이터의 분포를 아까와 같이 직선으로 나타낼 수도 있지만 그러할 경우 직선 밖에 있는 데이터들에 대해서는 정확히 설명하지 못하는 문제가 있습니다. 또한 이렇게 직선 밖의 데이터들이 새로 입력될 경우 예측 값도 정확히 내지 못하는 경우가 발생합니다. 그렇다면 이러한 데이터들을 곡선처럼 표현해본다면 어떨까요. 포함시킬 수 있는 데이터들도 더욱 많아지고 보다 정확한 예측 값을 제공해줄 수 있을 것입니다. 이러한 경우 기계학습을 시킬 때 제공하는 알고리즘은 선형 알고리즘이 아닌 곡선 그래프를 나타내는 알고리즘이 되겠지요. 그런데 이러한 곡선형 알고리즘을 나타내는 함수식은 '$y=ax+b$'와 같은 식보다 복잡하며 단순히 a와 b의 값을 찾는 것보다 훨씬 더

많은 값들을 찾아내야 합니다. 이러한 a, b와 같은 값들을 파라미터라고 합니다. 결국 기계학습의 목표란 최적의 파라미터 값을 찾는 것이라고 할 수 있겠습니다. 그런데 최대한 많은 데이터들을 정밀하게 나타내려면 그만큼 식은 엄청나게 복잡해져야 하고 그에 따라 찾아야 할 파라미터의 수도 늘어나게 됩니다. 그리고 이러한 파라미터들의 값을 찾아내기 위해선 그만큼 계산이 엄청나게 복잡해지게 됩니다. 또한 매우 방대한 데이터들을 모두 아우를 수 있는 적절한 함수식을 찾는 것도 문제입니다. 선과 곡선의 형태로 저 많은 데이터들을 세밀하게 표현하기란 힘든 일이니까요.

이러한 문제를 어떻게 해결할 수 있을까 고민하다가 생각해낸 다양한 방법 중 하나가 신경망 알고리즘입니다. 사람들이 문제를 해결할 때 뇌에서는 어떤 일이 일어나는지를 탐구하고 이러한 방법을 컴퓨터에 적용하면 컴퓨터도 보다 쉽게 문제를 해결할 수 있지 않을까 하는 생각에서 개발된 방법입니다. 그렇다면 사람들이 문제를 해결할 때 뇌에서는 어떤 일들이 일어나는지 살펴봐야 할 것입니다. 중학교 과학 시간에 배웠던 내용을 잠시 떠올려볼까요.

다음의 그림은 인간의 뇌를 구성하는 뉴런의 모습입니다. 인간의 뇌에는 대략 1,000억 개의 뉴런이 자리 잡고 있는 것으로 추정되고 있습니다. 이러한 뉴런은 각각 100개~1,000개의 다른 뉴런들과 연결되어 서로 자극과 흥분을 전달하며 자극에 대한 인간의 반응을 이끌어냅니다. 하나의 뉴런은 그림과 같이 긴 모양인데 양쪽 끝에 각각 수상돌기와 축삭돌기라는 것이 있습니다. 수상돌기에 전해진 자극과 흥분을 축삭돌기가 전달하고 또 다른 뉴런의 수상돌기가 다시 이 자극과 흥분을 이어 받아 축삭돌기에 전해주고 또 다른 뉴런의 수상돌기가 자극과 흥분을 받아 같은 방식으로 계속 연결하여 결국 자극에 대한 반응을 이끌어내는 방식입니다. 이때 한 뉴런의 축삭돌기와 다른 뉴런의 수상돌기가 연결되는 부분은 시냅스라고 합니다.

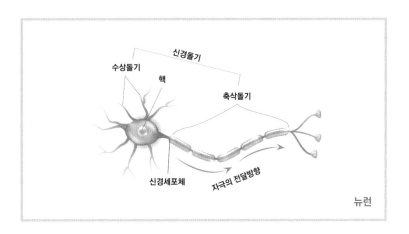

한편 자극과 흥분은 항상 전달되어 반응을 유발하는 것이 아니라 자극이 일정치를 넘어야 다른 뉴런들로 계속 전달될 수 있습니

다. 자극과 흥분이 어떠한 일정 수준에 도달하지 못하면 다음 뉴런들로 전달되지 않습니다. 바로 이러한 뇌의 신경계를 모방한 알고리즘이 신경망 알고리즘입니다. 그리고 이는 사람의 신경망을 인공적으로 구현했다 하여 인공신경망이라는 이름으로도 자주 쓰이고 있습니다.

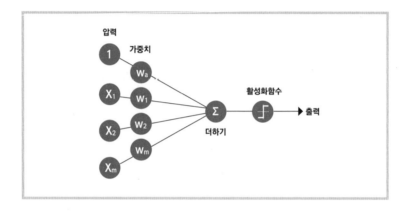

인공신경망의 간단한 구조는 위와 같습니다. 맨 처음 입력 부분에 데이터 정보를 입력합니다. 그리고 이러한 정보들의 중요한 정도를 나타내는 가중치 값을 입력합니다. 이 가중치 값은 맨 처음 임의대로 입력합니다. 이러한 가중치 값들이 모두 더해져 활성화 함수에 전달됩니다. 이때 활성화 함수로 쓸 수 있는 함수의 종류에는 계단함수, 시그모이드함수, ReLU 등이 있습니다. 이렇게 정해진 활성

화 함수에 앞서 입력된 가중치 값들의 합이 입력되면 출력이 이루어지게 됩니다. 물론 활성화 함수가 활성화되기 위해서는 입력된 가중치 값들의 합이 일정 범위를 넘어야 합니다. 인간의 뇌에서 자극을 전달하여 반응을 이끌어내는 방식과 비슷한 방식입니다.

　　앞의 그림과 같이 입력-출력이 하나의 과정으로 이루어진 것을 단층 퍼셉트론, 입력과 출력 사이에 은닉층이 여러 층 삽입되어 있는 것을 다층 퍼셉트론이라고 합니다. 그리고 다층 퍼셉트론들이 복잡한 망을 형성한 것을 인공신경망이라고 합니다. 보통 기계학습에서 신경망 알고리즘을 사용한다고 하면 이러한 다층 퍼셉트론을 사용하는 것이라고 볼 수 있습니다. 이를 간단히 나타내면 다음과 같이 표현할 수 있습니다.

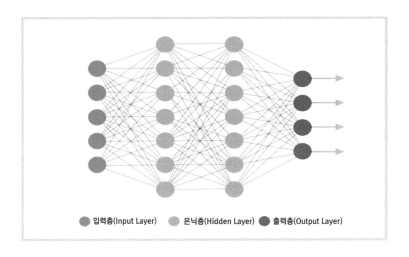

입력층(Input Layer)　　은닉층(Hidden Layer)　　출력층(Output Layer)

이때 연결선과 연결선이 만나는 지점을 노드라고 하며 각 노드들을 연결하는 연결선이 바로 가중치를 나타냅니다. 그리고 이 연결선들은 실제 수식으로 이루어져 있습니다. 이를 파라미터라고 부르지요. 앞서 말씀드린 함수식 $y=ax+b$에서 기계학습이 최종적으로 찾아내야 하는 값이 a와 b인데 이를 파라미터라고 부른다는 것을 기억하는지요. 인공신경망에서는 이러한 가중치 값을 파라미터라고 합니다. 그러니 결국 기계학습을 통해 알아내야 하는 것은 저 무수히 많은 연결선들의 가중치 값을 발견하는 것이라고 할 수 있겠습니다.

한편 앞서 함수식에서 파라미터 값이 많을수록 데이터를 정교하게 나타낼 수 있다고 이야기했습니다. 그런데 인공신경망에서는 저 무수히 많은 선들이 전부 파라미터를 나타내므로 인공신경망을 통해 새롭게 만들어낸 알고리즘은 데이터들을 매우 자세하고 정밀하게 표현할 수 있게 됩니다. 기계학습을 위해 여전히 다양한 알고리즘이 활발히 사용되고 있지만 인공신경망 알고리즘이 개발됨에 따라 새롭게 만들어내는 알고리즘의 성능 또한 좋아지게 되었습니다. 따라서 신경망의 발달과 더불어 인공지능 관련 연구가 다시한 번 활기를 띠기 시작한 것이지요. 또한 저 많은 파라미터 값들을 전부 찾아내기 위해선 무수히 많은 계산을 해야 하고 따라서 엄청난 성능을 가진 컴퓨터가 요구됩니다. 이에 따라 인공지능 개발 붐과 더불어 컴퓨터 개발에 관한 열풍도 그 어느 때보다 뜨겁다고 할 수 있겠습니다.

기계학습의 한 종류, 딥러닝

자 그렇다면 이번에는 딥러닝에 대해 살펴보겠습니다. 인공지능과 관련하여 빠지지 않는 용어가 바로 딥러닝이지요. 과연 딥러닝이란 무엇일까요. 결론부터 이야기하면 딥러닝은 기계학습의 한 종류입니다. 기계학습이란 무엇이었나요. 내가 가지고 있는 데이터와 이를 활용해 내가 해결하고자 하는 문제의 성격을 파악한 뒤 이에 맞는 알고리즘을 택해 그 알고리즘의 최적의 파라미터 값을 찾도록 하는 것이었습니다. 그렇다면 신경망의 구조도 기억이 나시는지요. 다층 퍼셉트론이 모여 복잡하게 형성했던 망구조 말입니다. 다시 한 번 그림을 살펴보겠습니다.

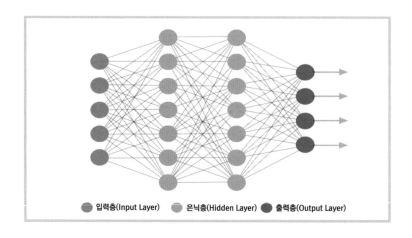

입력층(Input Layer)　은닉층(Hidden Layer)　출력층(Output Layer)

　　입력층은 글자 그대로 맨 처음 데이터 정보가 입력되는 층을 말하고 출력층은 최종 출력이 일어나는 부분을 의미합니다. 그 외의 무수한 노드들이 연결선으로 연결되며(연결선들은 수식으로 이루어져 있음) 가중치들의 합을 전달하는 부분은 은닉층입니다. 이러한 은닉층은 신경망의 종류(후에 다루겠지만 신경망의 종류에도 여러 가지가 있습니다), 데이터의 수 등에 따라 얼마든지 달라질 수 있습니다. 데이터의 수가 어마어마하고 이러한 데이터들을 최대한 정밀하게 표현하고자 할수록 은닉층의 수도 늘어나게 되겠지요. 이렇게 은닉층의 수가 많은 매우 복잡한 신경망을 학습하는 것을 기계학습 중에서도 딥러닝이라고 합니다. 그렇다면 이러한 딥러닝은 왜 갑자기 전 세계의 이슈로 떠오르게 된 것일까요. 그전에는 딥러닝을 어렵게 하는 여러 가지 요인들이 있었는데 이 또한 많은 연구와 여타 다른 기술들의 발달로 해결되기 시작했기 때문입니다.

사과와 딸기를 은닉층의 수가 많은 복잡한 신경망 알고리즘을 이용해 딥러닝시킨다고 생각해봅시다. 신경망을 연결하는 무수히 많은 선들의(선들은 전부 수식으로 이루어져 있음) 최적의 가중치 값을 찾아내는 것이 목표입니다. 이 가중치 값은 당연히 처음부터 찾을 수 없기에 맨 처음에는 임의대로 수를 설정해줍니다. 그리고 맨 마지막 출력층의 값을 사과는 1, 딸기는 0으로 정해줍니다. 자, 입력층에서 은닉층을 거쳐 가중치 값들이 계산되기 시작하여 출력층까지 연결이 될 것이고 최종 출력층에서 최종 값이 출력될 것입니다. 이때 최종 출력층에서 사과의 값은 1, 딸기의 값은 0이 나올 때 그때의 가중치 값들이 바로 최적의 값이 될 것입니다. 이 값을 찾아내기까지 신경망 알고리즘은 무수한 수만큼 계산을 반복해야 합니다. 그야말로 어마어마하고 방대한 계산 반복의 과정입니다. 그런데 이러한 계산 과정에서도 신경망이 너무 복잡하여 계산이 제대로 이루어지지 않는 경우나, 은닉층의 어느 정도까지만 계산이 이루어지고 그 이후에는 계산이 이루어지지 않는다든지, 또 최종 출력까지 전달이 이루어지지 않는 등의 여러 가지 난관에 봉착하게 됩니다.

이를 해결하기 위한 방법 중 하나가 오차역전파 방법입니다.

다시 사과와 딸기의 예를 가져와 보겠습니다. 오차역전파는 맨 마지막 출력층에서부터 입력층으로 거꾸로 된 방향으로 가중치 값들을 조정해가며 최적의 가중치 값을 찾아내는 방법입니다. 앞서 말한 방법은 입력층부터 가중치 값을 임의대로 넣어본 뒤 최종 출력까지 값을 전달합니다. 그리고 최종 출력값과 최종 출력층에 입력되었던 값과 비교한 뒤의 값이 맞지 않으면 다시 맨 처음 입력으로 돌아가 다른 가중치 값을 새롭게 넣어봅니다. 그리고 이러한 시행착오를 계속 반복합니다.

그런데 오차역전파 방법은 다음과 같은 방법을 사용합니다. 맨 처음 입력층부터 가중치 값을 임의대로 넣어 계산을 한 뒤 최종 출력에서 얻어진 값을 출력층의 값과 비교합니다. 예를 들었던 값이 사과는 1, 딸기는 0이었죠. 이렇게 값을 비교한 뒤 다시 처음 입력층으로 돌아가 새로운 값을 입력하는 것이 아니라 출력층과 가까운 부분의 가중치 값부터 수정을 하여 최대한 1과 0이 나올 수 있도록 값들을 조정해주는 것입니다. 출력층과 가까운 부분의 가중치 값들을 조정하고 그 가중치 값을 참고로 앞 층의 가중치 값을 조정하고 또 그 값을 참고로 앞 층의 가중치 값을 조정하여 맨 마지막엔 입력층과 가까운 부분의 가중치까지 조정해나가는 방식입니다.

그런데 이 또한 문제가 발생합니다. 가중치 값을 조정한다는 것이 사실은 매우 미세한 값들을 조정하는 것이다 보니 출력층과 가까운 부분에서는 그나마 변화가 느껴질 정도로 값이 조정됩니다. 그러나 입력층으로 갈수록 거의 변화가 없는 정도로 값이 조정되어 결국 입력층과 가까운 부분에선 수정되는 값이 거의 0에 가까워지고 결국 아무런 수정이 되지 않는 문제가 발생하는 것이지요. 그러나 이러한 부분은 활성화 함수 수정을 통해 해결하게 되었습니다. 아까 활성화 함수에 계단 함수, 시그모이드 함수, 렐루(ReLU, Rectified Linear Unit) 함수(정류된 선형 함수) 등 함수의 종류가 다양하다고 언급했었던 것 기억나시나요. 결국 이러한 문제를 해결하기 위해 더 좋은 활성화 함수를 찾기 위한 노력도 활발히 이루어진 것입니다. 최근 딥러닝에 가장 많이 사용되는 함수는 렐루(ReLU) 함수입니다.

그런데 딥러닝을 가능하게 하기 위해서는 이 밖의 다른 고민도 필요하게 됩니다. 이렇게 내용을 적다 보니 딥러닝을 개발하기 위해 얼마나 많은 연구와 피땀의 노력이 있었는지 새삼 감탄하게 됩니다. 다시 딥러닝의 이야기로 돌아가서 딥러닝에 사용하는 신경망 알고리즘은 매우 복잡하다고 하였습니다. 은닉층의 수가 너무 많아 오차역전파 방법을 사용해도 입력층 부분에서는 거의 가중치 수정이 일어나지 않는다는 이야기도 하였습니다. 이를 해결하기 위해 더 좋은 활성화 함수를 찾기 위한 노력과 그로 인해 점점 좋은 함수들이 개발되고 있다는 이야기로 마무리를 지었습니다.

그런데 은닉층의 수를 줄여보는 것은 어떨까요. 은닉층의 수가 너무 많아 위와 같은 문제가 일어난다면 은닉층의 수를 줄이면 되는 것이라고 생각할 수 있지 않을까요. 그러나 그렇게 되면 신경망이 그만큼 간단해져 데이터를 표현할 수 있는 정확도가 떨어진다는 문제가 발생합니다. 따라서 정확도는 떨어뜨리지 않으면서도 은닉층을 줄일 수 있는 신경망을 개발히려는 노력들이 등장하게 됩니다. 이렇게 하여 개발된 딥러닝에 사용되는 대표적인 신경망이 바로 합성곱(CNN) 신경망입니다. 이 합성곱(CNN) 신경망은 특히 이미지 인식에 특화된 알고리즘입니다. 인공지능 기술이 특히 많이 사용되는 부분이 이미지 인식 분야인 것도 바로 이러한 좋은 알고리즘이 개발된 까닭입니다.

이렇게 은닉층의 수는 줄이면서 정확도는 떨어뜨리지 않는 다양한 신경망의 개발이 지금도 활발히 이루어지는 중입니다. 딥러닝에 사용되는 신경망 알고리즘을 한 가지 더 소개하자면 GAN(Generative Adversarial Networks, 생산적 적대 신경망)이라는 신경망도 있습니다. GAN은 새로운 것을 만들어주는 신경망이라 하여 생성신경망이라고 불리기도 합니다. 예를 들어 GAN 신경망에 고흐의 그림을 넣으면 이 신경망은 그림의 형태와 색채를 분리하여 인식합니다. 그리고 이 신경망에 다른 그림이나 사진을 입력하면 이 그림역시 형태와 색채로 분리한 뒤 앞서 입력했던 고흐 그림의 색채를 입혀줍니다. 그리하여 고흐의 화풍을 입은 아주 새로운 출력물이 탄생하게 됩니다. 기존에는 신경망과 딥러닝을 활용해 무언가를 인식하는 데 인공지능 개발에 초점이 맞춰져 있었다면 지금은 신경망과 딥러닝을 활용해 새로운 것을 생성해 내고자 하는 개발도 활발히 진행되고 있습니다.

한편 딥러닝을 가능하게 하기 위해서는 그야말로 최고의 성능을 자랑하는 컴퓨터 또한 개발되어야 합니다. 2021년 5월 자 기사를 보니[12] 우리나라 정부는 현재 세계 21위권의 컴퓨팅 파워를 세계 5위권으로 만들기 위해 국가 전략을 제시했다고 합니다. 그렇다면 왜 지금 존재하는 컴퓨터로는 부족해 이보다 훨씬 강력한 슈퍼컴퓨터가개발되어야 하는 것일까요. 이 또한 딥러닝과 관련이 있습니다. 앞서 인공신경망은 파라미터의 수가 매우 많아 데이터 간의 관계를 매우 정교하게 표현할 수 있다고 했습니다. 그런데 오히려 이렇기 때문에 정확도가 떨어지는 문제가 생기기도 합니다. 학습에 사용된 데이

---

12 ZDNet Korea(2021. 5. 28.). 정부, 슈퍼컴퓨팅 경쟁력 세계 5위권 목표. https://n.news. naver.com/article/092/0002223374?cds=news_my

터들을 거의 모두 표현할 수 있는 정도로 매우 정교한 알고리즘이 만들어지다 보니 오히려 학습에 사용된 데이터와 조금만 성격이 달라져도 그 데이터는 제대로 표현하거나 예측하지 못하는 문제가 발생하는 것이지요. 이를 과적합의 문제라고 합니다. 그렇다면 이러한 문제를 해결하기 위해선 세상 거의 모든 데이터를 다 학습시켰다고 해도 과언이 아닐 정도로 엄청나게 많은 데이터를 입력해주면 될 것입니다. 그래야 그러한 데이터들을 전부 표현한 알고리즘이 생길 것이고 어떤 데이터를 새로 입력한다 해도 제대로 예측하고 표현할 수 있을 테니 말이지요. 그런데 그 무수한 데이터들을 모두 소화할 수 있는 인공신경망은 어떠한 모습일까요. 셀 수조차 없이 많은 선들로 이루어진 거대한 신경망은 될 것입니다. 그 많은 연결선, 즉 파라미터 값을 전부 찾아내야 하는데 지금의 컴퓨터로 그 계산이 가능할까요. 이를 가능케 하기 위한 것이 바로 슈퍼컴퓨터입니다. 데이터가 아무리 많아져도, 연결선이 아무리 많아져도, 그래서 은닉층이 아무리 길어져도 계산을 잘 해낼 수 있는 컴퓨터를 개발하려 하는 것이지요.

2019년까지 구글, 페이스북이 사용한 신경망의 파라미터 수는 수억 개, 마이크로소프트가 사용한 신경망의 파라미터 수는 170억 개 수준이었습니다. 그리고 일론 머스크가 설립한 기업 오픈AI가 'GPT-3'에 사용한 파라미터는 1,750억 개로 알려져 있습니다. 네이버는 '하이퍼클로바'에 사용한 파라미터가 2,040억 개라고 밝혔는데 이를 위해 수백억 원을 들여 슈퍼컴퓨터를 도입했다고 발표하기도 했습니다. LG는 2021년 하반기까지 6,000억 개 파라미터, 2022년 상반기까지 1조 개가 넘는 파라미터를 갖춘 초거대 신경망을 만들겠다고 밝히며 이를 위한 기술 구축에 3,000억을 투자할 계획이라고 합니다.[13] 이제는 이런 기사를 접하면 왜 기업들이 앞다투어 파라미터 수를 늘리고 이를 가능케 하는 슈퍼컴퓨터 개발에 박차를 가하고 있는지 잘 이해가 되시겠지요.

한편 인간의 뉴런을 모방해 수조 개의 파라미터를 지닌 신경망의 구축이 가능해지고 실제 이를 계산할 수 있는 슈퍼컴퓨터까지 발달하게 된다면 딥러닝은 어떤 국면을 맞이하게 될까요. 그로 인한 우리의 삶은 또 얼마만큼 달라지게 될까요. 영화 속에서나 막연히 꿈꾸던 일들이 현실이 되는 일이 그리 멀게 느껴지지 않는 것 같습니다.

---

13 조선비즈(2021.5.26.), 알파고 넘는 '초거대 AI' 개발 경쟁 가열…네이버 이어 KT · SKT · 카카오 · LG 참전. https://n.news.naver.com/article/366/0000722316?cds=news_my

🎧 지도학습, 비지도학습, 강화학습이란

인공지능이 문제를 해결하는 과정에 대해 이야기하고 있는 중입니다. 인공지능이 문제를 해결하기 위해선 판단을 할 수 있어야 하고 판단을 하기 위해서는 지식이 필요하다고 이야기했습니다. 그렇다면 이러한 지식을 어떻게 컴퓨터에 넣어줄 수 있는지, 그 방법에 대한 이야기도 자세히 다루었습니다. 그런데 이와 관련하여 마지막으로 하고 싶은 이야기가 한 가지 더 있습니다. 바로 컴퓨터가 주어진 알고리즘을 이용해 공부할 때 사용하는 학습 방법에 관한 내용입니다.

우리들이 공부할 때의 모습을 떠올려봅시다. 교재를 펴고 교재에 있는 내용들을 하나라도 머릿속에 저장하기 위해 노력합니다. 열심히 교재에 밑줄을 긋고 읽고 외우고 생각하는 동안 뇌에서는 뉴런들이 활발히 움직이고 있습니다. 그 결과 내가 열심히 공부한 내용이 뇌에 저장되고 우리들은 이것을 무기로 우리들에게 닥친 여러 가지 문제를 멋지게 해결할 수 있습니다. 그런데 우리가 이렇게 공부를 할 때엔 어떤 방법을 사용하나요. 어떤 사람은 혼자 공부하는 것이 성향에 맞아 홀로 앉아 책을 읽고 문제를 풀 수도 있을 것이고 어떤 사람은 선생님의 지도를 받는 것이 효율적이라고 생각할 수 있을 것입니다. 또, 어떤 사람은 보상이 있을 때 학습 동기가 강하게 올라와 열심히 공부할 수도 있겠습니다. 컴퓨터 역시 마찬가지입니다. 컴퓨터에 기계학습을 시킬 때에도 선생님이 가르침을 주듯 상세한 정보를 제공하며 가르칠 수도 있고 자기주도 학습을 시킬 수도 있고, 보상을 통해 학습을 더욱 잘 하도록 격려할 수도 있습니다. 이를 각각 지도학습, 비지도학습, 강화학습이라고 합니다.

먼저 지도학습이란 입력과 출력에 대한 정보를 함께 주며 학습시키는 것을 의미합니다. 앞서 언급한 개와 고양이 이미지 인식 훈련에 사용된 방법은 지도학습입니다. 즉 고양이 사진을 입력할 때 출력 값에 '이것은 고양이', 개 사진을 입력할 때엔 출력 값에 '이것은 개'라고 그 결과를 함께 알려주는 것입니다. '자, 지금부터는 너에게 고양이 사진을 줄 거야. 지금 주는 사진들이 전부 고양이야. 잘 살펴보고 고양이는 어떤 특징들이 있는지 분석해야 해.' 하며 고양이 사진을 주고 같은 방식으로 개 사진도 주며 학습시키는 것이 바로 지도학습입니다. 따라서 지도학습은 보통 무언가를 인식하도록 하는 프로그램을 만들 때 주로 사용할 수 있습니다.

이에 반해 비지도학습이란 출력에 대한 정보를 제공하지 않으며 학습시키는 방법입니다. 고양이와 개를 학습시키고자 할 때 비지도학습 방법을 사용하면 어떻게 될까요. 아무런 정보를 제공하지 않은 채 고양이와 개 사진을 입력하게 될 것입니다. 자, 그러면 주어진 알고리즘은 스스로 학습을 통해 고양이와 개 각각의 특징을 발견하게 되고 최종 출력 값에 고양이는 고양이끼리, 개는 개끼리 분류하게 됩니다. 이러한 마지막 출력 값에 사람이 '고양이', '개'라는 이름을 붙이면 되는 것이지요. 따라서 비지도학습은 방대한 데이터를 비슷한 것끼리 분류할 때 자주 사용됩니다. 넷플릭스, 음원 플랫폼 등에서 비슷한 성향을 지닌 고객들을 분류할 때 주로 사용할 수 있는 방법입니다.

마지막으로 강화학습은 전 바둑기사 이세돌을 꺾은 알파고의 학습을 예로 들어 설명해보겠습니다. 알파고는 수없이 많은 바둑 게임을 하며 바둑을 두는 방법을 학습해 나갔습니다. 한 지점에서 다음 지점으로 이동할 때엔 다양한 경우의 수가 있습니다. 각각의 경우의 수를 이동해보고 그때의 게임 결과가 '승'이었다면 보상을 받아 그 방법을 기억하는 방식으로 게임에서 이길 수 있는 경로들을 학습해 갔습니다. 이를 통해 어느 한 지점에서 각각의 다른 경로로 이동했을 때 각각의 승률이 어떻게 되는지 확률을 계산하게 되어 이길 확률이 가장 높은 경로로 수를 둘 수 있게 된 것입니다. 이렇게 행동의 결과에 따라 보상을 주고 보상을 받았던 행동을 기억하며 그 방법들을 기억하게 하는 방식을 강화학습이라고 합니다.

앞서 기계학습을 시키기 위해선 문제의 성격에 맞는 알고리즘을 적절히 제시해주어야 한다고 이야기 했습니다. 그리고 그 알고리즘을 지도학습, 비지도학습, 강화학습 중 어떤 방법을 사용해 공부를 하도록 할지 그 방법도 결정해주어야 합니다. 물론 하나의 알고리즘을 여러 가지 학습 방법으로 학습시킬 수도 있습니다. 예를 들어 신경망 알고리즘은 지도학습, 비지도학습, 강화학습을 모두 사용할 수 있는 알고리즘입니다. 이렇게 문제의 성격에 따라 알고리즘의 종류는 물론 학습 방법까지 적절히 제시해줄 수 있어야 하므로 각 학습방법에 대한 이해와 장단점 등을 파악하는 것도 중요하다고 할 수 있겠습니다.

education in the future

Chapter 04

인공지능 공부,
무엇을 하면
좋을까요?

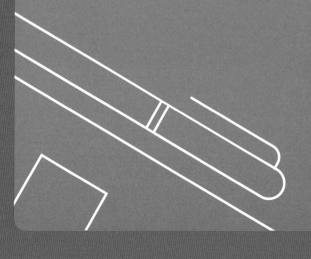

인공지능은 실생활의 다양한 문제를 원활히 해결하고 인간에게 도움을
주기 위한 기술입니다. 이렇게 우리들에게 도움을 주고 인류에게 닥친
각종 문제들을 원활히 해결하기 위해 존재하는 인공지능 기술의 목적을
잊지 않으며 인공지능을 공부하는 자세가 필요합니다.

인공지능 공부의 **방향성**

　지금까지 미래 핵심 역량이 중요한 이유와 그중에서도 왜 인공지능을 공부해야 하는지에 대해 밝히고 우리 생활 속 인공지능의 문제 해결 사례를 다루었습니다. 또한 인공지능이 문제를 해결하는 과정과 인공지능 기술을 이해하는 데 필요한 기본적인 내용에 대해서도 함께 다루었습니다. 이러한 내용을 통해 여러분 또한 인공지능 공부에 대한 필요성에 공감하고 인공지능이 무엇인지 대략적으로 이해했으리라 짐작합니다. 그러나 무엇보다 우리는 인공지능이 개발된 이유를 잊지 말아야 할 것입니다. 인공지능은 결국 실생활에서 일어나는 각종 문제들을 해결하여 사람들에게 도움을 주고 궁극으로는 인류가 더욱 건강하고 행복하게 살 수 있도록 개발된 기술이라는 사실을 말입니다. 이는 책의 첫 장에서도 강조한 바 인공지능 시대가 우리들에게 요구하는 역량이기도 합니다. 따라서 인공지능을 공부할 때에도 이러한 인공지능 기술의 존재 이유를 잊지 않으며 이러한 기술의 목적에 부합하여 인공지능을 활용하고 개발할 수 있는 인재가 되도록 노력해야 할 것입니다. 이러한 관점에서 인공지능을 공부할 때 아래에 제시된 내용에 특히 중점을 둔다면 도움이 되지 않을까 생각합니다. 이 책에서는 인공지능에 대해 아주 간단하고 기초적인 내용만 다루었습니다. 아래의 내용들을 참고해 인공지능에 대한 지식을 더욱 넓히고 관심 분야를 깊게 탐구해 인류에게 도움이 되는 기술 개발을 이끄는 인재가 탄생하길 기대합니다.

 인공지능 시대의 인문학

인공지능에 대한 글을 읽다 보면 인문학의 중요성을 강조하는 내용을 심심찮게 볼 수 있습니다. 인공지능 시대를 살아가는데 인문학이 왜 필요하다는 것일까요. 다음의 이유들을 생각해볼 수 있겠습니다. 첫째, 인공지능은 결국 인간의 지능과 이로 말미암은 다양한 인간 사고의 결과물을 기계에 구현하기 위한 시도이기 때문입니다. 따라서 인간이 생각하고 판단하고 학습하고 경험하는 동안 인간의 뇌에서는 어떠한 작용이 일어나는지 생물학적으로 이해해야 하는 것은 물론, 인간의 심리, 언어, 예술, 철학 등에 대해서도 이해해야 하는 것이지요. 그리하여 인공지능의 초기 연구를 이끌었던 마빈 민스키라는 학자는 '인간의 이해는 필수적으로 세계의 모델을 실행하는 과정[14]'이라고도 이야기하였습니다. 게다가 이제는 단순히 인간의 지능을 구현한 인공지능을 넘어 인간의 마음과 의식까지 탑재한 인공지능을 개발하는 중입니다. 그렇다면 우선은 인간의 마음이 무엇이며 인간의 의식이란 무엇인지 즉, 인간에 대한 이해가 필수적으로 선행되어야 할 것입니다.

둘째, 인공지능 기술이라는 것이 결국 인류에게 닥친 문제들을 해결하고 인간 생활에 편리함을 제공하기 위한 바 인류를 둘러싼 삶과 그 속에서 일어나는 문제, 그러한 문제가 발생하게 된 원인 등을 이해해야 하기 때문입니다. 인공지능을 활용해 문제를 해결할 때 빅데이터를 통해 인사이트를 얻는 경우가 많습니다. 빅데이터를 보고 유용한 정보를 포착한 뒤 이를 문제해결의 아이디어로 삼는 것이

---

14 박충식. (2019). 『"인공지능은 인문학이다": 구성적 정보 철학적 관점에서』. 철학탐구 56.

지요. 예를 들어 희망과 행복의 사용 빈도가 시대에 따라 어떻게 변화했는지 빅데이터를 통해 분석해본다고 합시다.[15] 빅데이터를 분석하는 기술에는 인공지능이 사용될 수 있겠지만 2000년대에 들어 행복이라는 용어가 희망이라는 단어보다 자주 사용되기 시작했다는 중요한 정보를 포착하고 이로부터 통찰력을 얻어 행복을 증진하는 서비스를 개발해내는 등의 일에는 인문학적 소양이 필요하게 됩니다. 즉, 데이터를 분석할 때 단순히 겉으로 드러난 의미보다 심층적인 의미를 분석하는 역량이 중요한데 이러한 눈을 기르는데 인문학적 소양이 매우 중요하게 작용하는 것이지요.

2021년 1월 빅데이터를 분석하는 한 기업 대표님의 강의를 들은 적이 있습니다. 그 대표님은 회사에 데이터 분석 알고리즘을 기가 막히게 설계하여 데이터 분석 값을 얻어내도록 하는 데 도움을 주는 인재들은 많으나 그들 중 정작 자신들이 분석한 데이터에서 숨겨진 의미를 발견할 수 있는 인재들은 얼마 되지 않는다고 아쉬워하였습니다. 인공지능 시대의 인재는 단순히 컴퓨터만을 잘 다루는 것이 아니라 비판적, 창의적 사고 및 해석을 잘 할 수 있어야 하며, 이를 위해서는 인문학을 중요하게 생각하고 공부해야 한다고 강조하였습니다. 실리콘밸리의 유명한 인공지능 빅데이터 기업 팰런티어의 CEO 알

---

15 김일환. (2019). 『인문학을 위한 신문 빅 데이터와 텍스트 마이닝』. 어문론집 78.

렉스 카프가 철학을 전공한 인물이라는 사실도 이와 무관하지 않은 것 같습니다.

인문학적 통찰력이 있으면 어떻게 같은 기술을 가지고도 다른 성과를 만들어낼 수 있는지 한 가지 사례를 더 소개하려 합니다. 인터넷이 막 발달하기 시작하고 포털 사이트들이 유행하기 시작했던 때를 기억하시나요. 엠파스, 한미르, 라이코스 등 추억의 이름들이 떠오르는지요. 그 당시 가장 건재하던 포털 사이트는 단연 야후였습니다. 그리고 당시 구글은 큰 인기를 얻지 못했었지요. 그런데 지금의 상황은 어떠한가요. 야후는 역사의 뒤안길로 사라지고 구글은 전 세계를 장악하고 있습니다. 이는 구글이 야후보다 기술력이 뛰어나서 그러한 걸까요. 《이것이 인공지능이다》라는 책에서는 구글과 야후의 차이를 통찰력의 차이로 설명하고 있습니다. 야후는 야후의 전문 인력들이 선별한 콘텐츠들을 중심으로 결과를 제공하는 반면, 구글은 사람들이 검색한 내용과 조회 수를 토대로 랭킹이 높은 콘텐츠를 중심적으로 노출시켰던 것입니다. 당연히 시간이 갈수록 검색의 정확도나 사람들이 원하는 정보에 부합하는 정보를 얻을 수 있는 곳은 야후가 아닌 구글이었습니다. 구글은 인터넷을 기반으로 사용자 간의 정보 공유가 활성화되고 소수 전문가에 의해 주어지는 정보보다 다수의 사용자들로부터 생성되는 빠르고 많은 정보가 더욱 유용할 것이라는 사실을 미리 내다봤던 것입니다. 인공지능이라는 기술 역시 마찬가지가 아닐까요. 같은 기술을 놓고도 누군가는 지금 여기 만을 생각할 때 누군가는 저 멀리 전 세계, 우주까지 내다보고 있을 지도 모릅니다. 단순히 기술적 측면을 넘어 인문학적 사고를 할 수 있을 때 우린 보다 넓은 시야를 가지고 새로운 생각의 꽃을 피울 수 있으리라 생각합니다.

셋째, 다양한 사례에서도 살펴보았듯, 인공지능이 단순 반복, 계산을 요구하는 업무뿐 아니라 질병 진단, 창작, 미래 분석 및 예측 등 지능적인 업무에서까지 인간을 대체하게 되면, 인간은 기존보다 더욱 창의적인 업무를 맡게 될 가능성이 높기 때문입니다. 즉, 인간 고유의 감성과 창의성 개발이 중요해지는 것이지요. 그렇다면 인공 지능이 결코 흉내 낼 수 없는 인간 고유의 감성 및 창의적인 생각은 어떻게 하면 키울 수 있을까요. 인간 자체에 대한 고민과 인간이 만 들어 놓은 문화, 법, 역사, 예술, 사상 등에 대해 탐구하는 태도가 중 요하지 않을까요. 그러하기에 인공지능 시대에 세계적으로 독서 교 육이 더욱 강조되고, 앞서 확인한 우리나라 국가 교육과정에서도 인 문학을 강조하고 있습니다. 실제로 2020년 11월 교육부에서 발간한 〈인공지능시대 교육정책방향과 핵심과제〉라는 문서에는 'AI가 인간 을 대체하는 것보다 더 큰 관심사항은 인간의 고유 능력에 AI 능력이 더해진 인간+AI 협업'이라는 문장이 등장합니다. 그리고 이에 대해 다음과 같이 부연 설명하고 있습니다. 'AI가 할 수 없는 인간의 감성에 대한 이해와 공감, 타인과의 소통·협업 등 사람에 대한 깊은 관심에 바탕을 둔 인간적인 사고 요구'라고 말이지요. 따라서 인간의 존재 의의에 관한 탐구, 다양한 철학적 사유 등을 돕는 인문학의 중요성이 갈수록 부각[16]될 것이라고도 이야기하고 있습니다. 그리하여 미국 노스이스턴대 총장은 2018년 "미국 대학의 차세대 인재 양성을 위한 교육 지향점은 인문학과 기술이 결합한 새로운 전인 교육 모델인 인간학(Humanics)[17]"이라는 말을 남기기도 했습니다.

인공지능은 인간이 그간 쌓아올린 수많은 데이터를 단숨에 공부해 인간이 놓칠 수 있었던 부분까지 분석하고 판단하여 우리들이 문제를 해결하는 데 도움을 줄 수 있습니다. 그러나 인공지능은 인간이 제공한 데이터 이상의 것들은 생각할 수 없습니다. 인공지능이 생각할 수 있는 범위는 주어진 데이터 영역 안에서의 일입니다. 그렇기에 우리들은 이렇게 인공지능은 생각할 수 없는 데이터 밖의 창의적 영역에서 활약할 수 있는 역량을 끊임없이 길러야 할 것입니다. MS 아시아 연구소에서 발표한 "AI가 만드는 시, 음악, 회화도 정해진 알

---

16 관계 부처 합동. (2020). 『인공지능시대 교육정책방향과 핵심과제: 대한민국의 미래 교육이 나아가야 할 길』

17 관계 부처 합동. (2020). 『인공지능시대 교육정책방향과 핵심과제: 대한민국의 미래 교육이 나아가야 할 길』

고리즘 속 모방의 결과, 기존에 없던 수학 공식을 만드는 일 등은 사람만이 가능"[18]하다는 발언은 이를 명확하게 보여주는 구절이 아닐까 합니다.

책에서 본 이와 관련한 좋은 예가 떠올라 소개합니다.[19] 우리나라 영화 〈기생충〉이 해외에서 사랑받을 수 있었던 이유에는 다양한 요소가 있을 수 있습니다만 그중 하나의 요소로 자막이 꼽힌다고 합니다. 현재 언어를 번역해주는 인공지능 기술은 매우 발달되어 있습니다. 〈기생충〉의 번역도 인공지능에게 맡기면 순식간에 끝날 것입니다. 그러나 인공지능이 단순히 언어는 번역해줄 수 있을지 언정 전체적 맥락, 문화적 코드, 섬세한 감정 및 정서 등을 읽어내기에는 부족합니다. 게다가 한국에서 받아들이는 '기생충'과 외국에서 받아들이는 '기생충'도 문화적 차이에 따라 해석이 달라질 수 있습니다. 따라서 사람이 직접 번역한다고 해도 양쪽의 문화를 제대로 이해하지 못하면 〈기생충〉은 외국에서 받아들이기에 이상한 내용으로 변모될 가능성이 있는 것이지요. 그런데 이 〈기생충〉이라는 영화를 번역한 달시 파켓이라는 인물은 자신이 그간 양쪽의 문화를 경험하며 쌓아올린 문화적 감수성을 토대로 한국 영화의 정서를 최대한

---

18 관계 부처 합동. (2020). 『인공지능시대 교육정책방향과 핵심과제: 대한민국의 미래 교육이 나아가야 할 길』

19 김명락. (2020). 『이것이 인공지능이다』, 슬로디미디어

왜곡하지 않으며 영어로 번역을 해 서양인들의 마음까지 사로잡았습니다. 이는 문화, 예술 등에 대한 인문학적 소양을 갖춘 인간이 자신만의 색으로 창의적 콘텐츠를 만들었을 때 단순한 기술이나 창의적 사고가 결여된 사람보다 공감되는 결과물을 어떻게 만들어낼 수 있는지 잘 보여주고 있습니다. 마찬가지로 윤동주의 시를 파파고와 인간이 번역한다고 가정해볼 때 윤동주 시인의 시를 잘 이해하고 느끼는 사람이 파파고보다 훨씬 공감 가는 번역을 내놓을 수 있을 것입니다. 또한 이렇게 번역기를 대체할 수 있는 사람이 앞으로 점차 각광 받게 될 것입니다.

마지막으로 인문학은 인공지능 개발 과정에서 발생하는 각종 이슈에 대한 성찰을 제공하고 윤리적인 문제 해결에 도움을 줄 수 있습니다. 인공지능이 개발됨에 따라 우리들은 기존에는 생각해 본 적 없는 새로운 문제에 직면하게 되었으며 이를 합리적으로 해결해야 하는 과제를 안게 되었습니다. 이를테면 지능을 가진 기계를 인간으로 인정할 수 있을지, 지능을 가진 기계 인간과 인간은 어떻게 공존하며 살아가야 하는지, 법은 어떻게 새로 바뀌어야 하는지 등을 진지하게 고민하게 된 것입니다. 이러한 문제들을 잘 해결할 수 있어야 인공지능 기술을 올바른 방향으로 활용하며 인간과 기술이 함께 공존할 수 있을 것입니다. 그런데 바로 이러한 문제에 대한 성찰 및 가치 판단에 인문학이 도움을 줄 수 있습니다. 또한 인공지능 개발은 많은 윤리적인 문제를 초래하기도 합니다. 이때 기술이 남용되는 것을 막고 인류의 행복을 위한 목적으로 사용될 수 있도록 방향을 제시하는 일, 문제를 예방하기 위해 대책을 세우는 일, 해결 방안을 마련하는 일 모두 인문학적 성찰이 요구되는 일입니다.

✏️ 인공지능과 수학

인공지능과 떼려야 도저히 뗄 수 없는 또 하나의 분야는 단연 수학입니다. 혹시 서점에 진열된 인공지능에 관한 책들을 훑어본 적이 있는가요. 인공지능을 기술적으로 자세히 풀어놓은 책들에는 어김없이 수학적 수식이 등장합니다. 딥러닝의 알고리즘을 설명하는 어렵지 않은 책이나 (심지어 만화책도 그렇습니다.) 논문 등을 살펴도 행렬이니 벡터니 수학적 이야기가 가득하지요. '인공지능 수학'이라는 주제를 가진 책들의 목차를 한번 살펴볼까요. 우리에게 그나마 익숙한 방정식과 부등식, 함수, 지수, 로그부터 시작해 극한, 미분을 지나제가 학창 시절이었을 때는 이과생들만 공부하던 벡터라는 것이 등장합니다. 그 뒤로는 행렬, 확률, 통계 등이 순서를 잇고 있네요. 실제로 카이스트의 김정호 교수는 조선일보에 'AI 시대, 수학 실력이 최고의 경쟁력이다'라는[20] 글을 싣기도 하였습니다.

그렇다면 인공지능과 수학은 구체적으로 어떤 연관성이 있는 걸까요. 몇 가지만 살펴보면 우선 기계학습을 시키기 위해서는 알고리즘을 제공해 주어야 하는데, 이러한 알고리즘은 앞서 언급한 대로 컴퓨터가 아닌 사람이 제시해 주어야 합니다. 데이터의 성격, 데이터를 통해 얻고자 하는 결론에 따라 이에 맞는 가장 효율적인 기계학습 알고리즘을 판단하는 과정에 통계적 사고가 필요하지요. 또한 인공지능이 학습 교재로 삼는 이미지, 영상, 텍스트, 소리 등의 데이터들 역시 수학의 벡터 형태로 표현이 되고, 최적의 파라미터 값을 찾기 위해 직선의 기울기 값을 수정해나가는 과정에서 미분이 활용됩니다. 저도 인공지능에 관심을 두고 공부하기 시작하면서 수학을 다시 공부하고 있습니다. 수학적 지식 없이는 결코 인공지능을 깊게 이해할 수 없고 인공지능을 활용하는 데에도 많은 한계에 부딪힐 수밖에 없다는 것을 몸소 체험한 까닭입니다. 고등학교 때 수학 공부를 제대로 하지 않은 것이 후회되기도 하고 방대한 양을 시간을 쪼개 틈틈이 공부하다 보니 능률이 잘 오르지 않아 속상합니다. 그러나 우리 학생

---

20 조선일보. (2019.11.11.). AI 시대, 수학 실력이 최고의 경쟁력이다. https://www.chosun.com/site/data/html_dir/2019/11/11/2019111100009.html

들에게는 아직 주어진 시간이 매우 많지요. 그리하여 지금부터라도 수학의 기초를 차근차근 꼼꼼히 다져두라는 이야기를 꼭 전하고 싶습니다.

한편, 인공지능을 다룰 때 꼭 빠지지 않는 행렬이 2009 개정 교육과정부터 필수 과목에서 빠지게 되었고, 2015 개정 교육과정에서는 벡터마저 필수 과목에서 빠져 진로 선택 과목으로 변경되었습니다.[21] 이에 대해 수학에 흥미를 잃은 '수포자'를 위해 단순히 쉬운 수학만을 표방하는 것은 해결책이 될 수 없으며, 시대가 요구하는 흐름과 신기술에 부합하는 수학 교육을 해야 한다는 목소리가 점차 세지고 있습니다. 교육과정에서는 행렬과 벡터가 빠졌을지언정 인공지능을 평소 주의 깊게 본 부모와 그들의 자녀라면 행렬과 벡터 또한 관심을 두고 공부를 하게 되지 않을까요. 수학의 모든 개념, 내용이 중요하겠지만 특히 인공지능에 활용되는 수학은 어떤 내용인지 살피고 이러한 내용이 초등학교 어느 학년부터 시작되어 어떻게 중·고등학교 내용까지 연결되는지 흐름을 파악하시기를 추천드립니다. 예를 들면 인공지능에서 활용되는 방정식, 함수의 개념은 초등 5학년 수학 3단원 '규칙과 대응'에서도 등장합니다. 저는 실제로 학교에서 아이들과 이 단원을 수업할 때 이 단원이 앞으로 중·고등학교 수

21　news1뉴스. (2021.3.11.). AI 시대에 필요한 '벡터·행렬' 빠진 교육과정…"쉬운 교육 능사 아니다". https://www.news1.kr/articles/?4238450

학의 내용과 어떻게 연계가 되는지 이야기해주고 인공지능에도 사용되는 기술임을 이야기해주었습니다. 사실 5학년의 규칙과 대응 단원은 전, 후 단원과 비교해볼 때 내용도 쉽고 크게 비중을 두어 다루어지지 않는 단원입니다. 그러나 이렇게 인공지능에 활용되는 수학이 어떤 내용인지 알고 있다면 그래도 아이들이 수학 공부를 할 때 한 마디라도 해 줄 수 있고 보다 시대의 흐름에 맞는 공부를 할 수 있도록 방향을 제시해주거나 효율적으로 공부할 수 있도록 도움을 줄 수 있을 것입니다. 제가 다시 중·고등학교 시절로 돌아간다면 그 당시 교과서 마지막 단원에 배치돼 있어 기말시험 범위에도 조금만 들어가고 흐지부지 마무리되었던 삼각함수와 통계 단원을 목숨 걸고 공부하지 않을까 하는 생각이 듭니다.

🎓 컴퓨터과학도 필수

인공지능과 관련하여 빼놓을 수 없는 또 다른 영역 중 하나는 바로 컴퓨터과학입니다. 미래사회 직업에 대해 예측한 글들을 보아도 앞으로는 컴퓨터 관련 일자리가 더욱 많아질 것이라고 전망한 내용이 많습니다. 또한 인공지능을 제대로 이해하기 위해서도 컴퓨터과학은 필수라고 할 수 있겠지요. 이렇게 컴퓨터 활용능력의 중요성을 간파하여 우리나라도 2018년부터 공교육에 컴퓨터 수업을 도입했지만, 초등의 경우 국어, 영어, 수학만큼 심도 있게 다루어지지 않고 실제로 수업이 이루어지지 않는 경우도 많은 것이 현실입니다. 그러나 지금부터라도 컴퓨터과학에 보다 관심을 가지고 적극적으로 공부하길 추천합니다.

그렇다면 컴퓨터과학이란 구체적으로 무엇일까요. 컴퓨터의 하드웨어, 소프트웨어, 정보의 수집 및 전달·저장·가공 등을 연구하는 학문이라고 할 수 있겠습니다.[22] 먼저 컴퓨터의 하드웨어 측면을 인공지능과 연결시켜 보자면 엄청난 성능을 자랑하는 슈퍼컴퓨터 개발 연구를 들 수 있습니다. 앞서 인공지능을 개발하는 데 있어 왜 엄청난 성능의 슈퍼컴퓨터가 도입되어야 하는지를 설명하였습니다. 어떤 새로운 데이터를 입력하더라도 옳은 결과 값을 도출할 수 있는, 최대한 정교한 알고리즘을 만들려면 그만큼 복잡한 신경망이 투입되어야 하고, 이를 위해서는 어마어마한 데이터가 주어져야 하는 그 관계를 앞에서 다루었지요. 이를 가능케 하기 위해서는 계산 속도가 필수적으로 뒷받침되어야 하므로 현재 전 세계가 슈퍼컴퓨터 개발에 열을 올

---

22   네이버 사전 참고

리고 있다는 사실도 다루었습니다. 1946년 탄생한 에니악(ENIAC)을 시작으로 최근 25년간 컴퓨터의 계산 속도는 거의 1,000배 가까이 증가했습니다. 이렇게 컴퓨터의 성능을 올리기 위해 그간 어떠한 노력들이 있었는지를 살피고 지금의 개발 상황은 어느 정도인지 관심을 두는 태도가 중요할 것입니다. 슈퍼컴퓨터는 프로그램 내의 계산을 하나의 프로세서가 아니라 여러 프로세서에서 동시에 처리하는 병렬처리 방식을 사용하는데, 이러한 병렬처리 컴퓨팅을 컴퓨터과학에서는 하나의 하위 영역으로 따로 두어 연구하고 있기도 합니다. 또한 양자컴퓨터의 개발도 활발히 진행되는 중입니다. 컴퓨터는 글자, 사진, 영상 등 모든 정보를 0과 1로 변환하여 처리하는데, 이러한 0과 1이 사용되는 하나의 자리를 비트라고 하지요. 하나의 비트에 하나의 숫자만 들어갈 수 있는 것과 달리 양자컴퓨터는 하나의 비트에 00, 01, 10, 11 등 두 자리 수를 담을 수 있고 연산 속도를 엄청 빠르게 단축시킬 수 있습니다. 이러한 컴퓨터 개발 동향에 관심을 두고 만약 내가 컴퓨터의 성능을 빠르게 만든다면 어떤 아이디어를 낼 수 있을지 등을 상상해보는 태도를 기르는 것도 좋으리라 생각합니다.

이번에는 소프트웨어의 측면을 살펴볼까요. 앞서 어떠한 문제를 해결하고자 할 때 문제를 해결할 수 있는 방법을 순서대로 나타내고 이를 컴퓨터가 알아들을 수 있는 언어로 바꾸는 것을 코딩이라고 한다고 이야기하였습니다. 이때 컴퓨터가 알아들을 수 있는 언어를 프로그래밍 언어라고 하는데, 자바, 자바스크립트, C언어, 파이썬 등이 있습니다. 따라서 소프트웨어를 다루기 위해서는 기본적으로 프로그래밍 언어에 대한 지식과 코딩 능력이 필요합니다. 그러나 일각에선 인공지능이 발달하면 사람들이 직접 프로그램 언어를 입력할 필요 없이 음성 언어로 명령어를 입력할 수 있게 되고 대부분의 알고리즘을 인공지능이 스스로 만들어낼 것이기 때문에 프로그래밍 언어를 익히는 것도, 코딩하는 능력도 별 쓸모가 없을 것이라 이야기합니다. 실제로 최근 개발된 GPT-3 모델은 프로그래밍 언어를 딥러닝으로 학습하여 사람이 말로 알고리즘을 불러주면 이를 자동으로 프로그래밍 언어로 바꿔 코딩해준다고 합니다.[23] 그럼에도 불구하고 대다수의 인공지능을 다루는 책에서는 여전히 프로그래밍 언어는 기본이요, 코딩도 필수라고 이야기하고 있습니다. 특히 현재 파이썬이나 R같은 프로그래밍 언어에는 다양한 기계학습을 시킬 수 있는 함수들이 준비되어 있는데, 이러한 프로그래밍 언어를 알지 못하면 딥러닝을 포함한 기계학습을 구현할 수 없다는 것이지요. 앞으로 시대가 얼마나 발전하여 코딩을 어떠한 방식으로 하게 될지는 모르지만, 일단 지금 인공지능을 공부하는 데 프로그래밍 언어에 대한 지식과 코딩 능력은 기본임에 틀림이 없는 것 같습니다.

23 CWN. (2021. 2. 14.). GPT-3, 누구나 쉽게 코딩하도록 도와준다. http://www.codingworldnews.com/news/articleView.html?idxno=2360

마지막으로 정보의 수집 및 전달·저장·가공 측면을 살펴보겠습니다. 기계학습을 위한 신경망 등의 알고리즘 개발과 컴퓨터 성능의 개선, 딥러닝의 한계를 해결하기 위한 각종 연구 등 인공지능 기술 개발이 한창입니다. 이러한 기술이 개발됨에 따라 점점 자동화되어 가는 가운데, 그래도 사람의 손이 필요하고 품에 많이 드는 영역이 바로 데이터와 관련된 부분입니다. 따라서 인공지능과 관련된 직업 분야에서도 특히 데이터 관련 직업이 많이 생겨날 전망이며 이에 대해 관심을 두고 공부하는 일도 중요하다고 할 수 있겠습니다. 기계학습을 위해 데이터를 수집할 때는 각종 센서, 인터넷, 문서 등에서 가져오게 되는데, 이렇게 데이터를 수집하는 세부 기술에는 웹크롤링, 파싱, 센싱 등이 있습니다. 이렇게 수집한 데이터는 컴퓨터가 이해할 수 있는 형태로 바꾸어주고, 최대한 데이터의 저장 공간을 줄이기 위해 데이터를 가장 효율적으로 가공해야 합니다. 또한 자신이 시키고자 하는 기계학습 유형에 맞게 데이터의 결측치를 처리하거나 정규화 등의 작업도 해야 하지요. 이러한 과정을 데이터 전처리라고 합니다. 데이터를 어떻게 전처리하는지에 따라 인공신경망의 성능도 좋아지므로 데이터 전처리 과정은 매우 중요하다고 볼 수 있습니다. 한편 이렇게 데이터를 수집 및 가공, 전처리하여 저장하는 총 과정을 데이터 마이닝이라고 부릅니다.

기계학습에 사용되는 알고리즘

인공지능이 어떤 원리로 구현되는지 대략적인 내용을 이해하고 인공지능 기술이 탑재된 제품 및 서비스 등을 활용하는 것도 중요한 역량입니다. 그러나 직접 데이터를 분석하고 이에 따른 인사이트를 얻어 새로운 가치를 창출하는 등 보다 적극적으로 인공지능을 활용하고자 한다면 기계학습에 사용되는 알고리즘에 대한 이해는 필수입니다. 앞서 언급했듯 기계학습에 사용되는 알고리즘은 신경망만 있는 것이 아닙니다. 기계학습을 하는 데 사용되는 알고리즘은 의사결정트리, 베이즈 분류 모형, 로지스틱 회귀 등 100가지가 넘는 방법들이 있습니다. 따라서 각 알고리즘에 대한 성격을 파악한 후 어떠한 알고리즘을 사용했을 때 데이터의 성격에 맞는 가장 적절한 결과를 도출할 수 있는지 이해할 수 있어야 합니다. 또한 데이터의 성격에 맞는 알고리즘을 선택하는 것뿐만 아니라 각각의 기계학습 방법에 적합한 알고리즘을 선택할 수도 있어야 합니다. 즉, 지도학습에는 분류 분석, 회귀 분석이 자주 쓰인다든지 비지도 학습에는 군집 분석, 연관 규칙이 자주 쓰인다든지 하는 식으로 말입니다.

또한 개개인의 역량 및 전문성이 발휘되는 부분도 이러한 알고리즘 선택에 관한 부분인데, 하나의 알고리즘으로 문제를 해결하기보단 여러 가지 알고리즘을 조합하거나 살짝 변형하는 식으로 문제를 해결하기 때문입니다. 알고리즘 관련 논문이 활발히 생성되는 부분도 바로 이러한 새로운 알고리즘을 제안하는 내용이라고 할 수 있습니다. 따라서 각 알고리즘들의 성격 및 장단점 등을 파악하는 능력이 중요할 것입니다. 물론 이를 당장 초·중학교 학생이 익히고 따라 하기에는 어려운 것이 사실입니다. 그럼에도 불구하고 앞으로의 시대를 대비해 인공지능을 공부할 때 어느 부분에 초점을 두어 공부해야 하는지에 대해 부모가 이해하고 관심을 두고 있다면, 추후 학생들이 인공지능 공부를 원할 때 방향을 제시해 주거나 진로 및 전공을 선택할 때 큰 도움을 줄 수 있을 것입니다. 저 또한 마찬가지로 인공지능에 대한 큰 개념들에 대해 아이들에게 교육한 뒤 각각의 알고리즘을 어떻게 하면 초등학생의 눈높이에 맞춰 쉽게 알려줄 수 있을지 연구하고 있습니다. 실제로 의사결정 나무와 같은 알고리즘은 초등학생도 충분히 이해할 수 있는 수준으로 언플러그드 활동으로 구현된 수업 사례가 많습니다. 교육현장에서 이러한 연구는 보다 활발히 진행되고 있는 중입니다. 앞으로 많은 수업 모형 및 구체적 수업 사례가 발굴되고 이러한 내용이 사례집 형태로 학교 현장에 보급되리라 생각합니다.

마지막으로 딥러닝 알고리즘에 대해 이야기하고 싶습니다. 모든 기계학습이 신경망을 이용한 딥러닝의 형태로 이루어질 필요는 없지만 그래도 인공지능이 최신 기술로 급부상하게 된 데에는 결코 딥러닝을 빼놓을 수가 없습니다. 앞으로 인공지능 개발이 적극적으로 이루어지는 분야도 신경망과 딥러닝일 것이고요. 그러나 딥러닝은 결코 간단한 문제가 아님을 앞에서 다루었습니다. 딥러닝을 위해선 엄청나게 많은 데이터가 필요하고 매우 깊은 은닉층을 가진 거대한 신경망이 필요한데, 계산 과정이 워낙 복잡하고 방대하여 학습이 잘 이루어지지 않는 경우가 많다는 것이었지요. 따라서 이러한 딥러닝 문제를 해결하기 위한 각종 연구들이 활발히 이루어지고 있는데, 이러한 연구 동향에도 관심을 기울이고 추후 인공지능 공부를 할 때에도 이러한 부분에 초점을 둔다면 보다 시대적 요구에 부합하는 효율적인 공부를 할 수 있지 않을까 합니다.

현재 딥러닝의 문제를 해결하기 위해서 처음 입력하는 데이터의 정보는 살리면서도 최대한 간결하게 나타내는 방식을 연구한다든지, 성공적으로 학습을 마쳐 성능이 보장된 신경망의 일부를 이식한다든지, 은닉층의 수는 줄이면서 성능은 저하하지 않는 효율적인 신경망을 개발한다든지, 더 좋은 활성화함수 모델을 개발하는 등 다양한 해법을 찾아가는 중입니다. 최근 각종 뉴스를 통해 알 수 있듯 엄청난 파라미터 수를 가진 거대한 신경망이 계속해서 탄생하고, 이를 활용한 딥러닝 기술 개발에 전 세계가 박차를 가하고 있습니다.

그러나 너무 거대한 만큼 학습이 잘 이루어지지 않기도 하는 딥러닝의 문제들을 어떻게 이 시대가 보완해가며, 우리들은 이를 위해 어떠한 아이디어를 제공할 수 있을지 생각해보는 것이 필요하겠습니다.

education in the future

Chapter 05

인공지능을
둘러싼
윤리적
쟁점들

이 세상 모든 것에는 양과 음이 존재합니다. 인류의 편의를 위해 개발된 기술 역시 예외가 아니며, 세상에 강한 영향을 미치는 기술일수록 그 위험도 커지겠지요. 그렇다면 전례 없는 모습으로 이 세상을 급격히 바꾸게 될 인공지능에는 과연 어떤 부작용이나 위험성이 있을까요.

인공지능 윤리가
중요한 이유

인공지능은 앞으로의 삶에서 꼭 필요한 기술이므로 이를 활용하고 개발하기 위한 능력을 기르는 일은 중요합니다. 그런데 인공지능 기술의 활용 및 개발은 인공지능 윤리를 고려하여 이루어져야 합니다. 인공지능에 대해 다루는 책을 읽다 보면 인공지능을 마치 만병통치약인 듯 설명해놓은 것들도 많습니다. 물론 인공지능은 세상의 문제를 해결하는 데 많은 도움을 줄 수 있습니다. 인공지능을 활용한 맞춤형 교육은 교육의 불평등을 해소할 수도 있고, 자율주행 자동차는 장애인과 노약자의 이동을 용이하게 할 수도 있으며, 이 외에도 인공지능은 환경, 저출산, 건강, 안보, 복지 사각지대 등 주요 사회문제를 해결하는 데 도움을 줄 수 있으니까요. 그러나 어떤 기술이든 그 이면에는 위험성이 있기 마련입니다. 인공지능 역시 예외일 수 없 겠지요. 오히려 인공지능은 기술의 발달 속도와 그 파급력에 비추어 볼 때 위험성이 더욱 크다고도 할 수 있습니다.

이러한 이유로 인공지능 기술이 개발됨과 더불어 세계 각국에 서는 인공지능 윤리에 대한 연구도 활발히 진행하고 있습니다. 미국 은 스탠퍼드 등의 주요 대학 및 정부와 구글, 마이크로소프트 등의 글로벌 기업들은 인공지능 관련 보고서 및 윤리 원칙, 가이드라인 등 을 활발히 발표하고 있습니다. 유럽은 인공지능 윤리를 가장 중요하 게 다루는 지역으로 2018년 5월 25일부터 시행된 실정법에서 이미 인공지능 신기술과 시민의 기본권을 조화시키려는 시도를 하고 있 는 중입니다.

우리나라 또한 2017년을 시작으로 '로봇기본법안'과 같은 관련 분야의 법률이 마련되고 2018년 초에는 정보문화포럼과 한국정보 화진흥원이 지능 정보사회 윤리 가이드라인 및 윤리헌장을 발표하 기도 했습니다. 2020년 5월 20일에는 '국가정보화 기본법'이 통과되 었는데 인공지능 기술과 관련된 윤리원칙을 포함하고 있어 앞으로 심도 있는 논의가 이루어질 예정입니다. 이밖에도 우리나라 기업 카 카오는 우리나라 기업으로는 최초로 2018년 1월 31일 '카카오 알고 리즘 윤리 헌장'을 발표하고, 2019년 삼성전자 역시 '인공지능 윤리

핵심원칙'을 발표하는 등 인공지능 윤리에 대한 관심이 뜨겁다고 할 수 있습니다. [24]

그렇다면 이러한 인공지능 윤리는 왜 중요한 것일까요. 앞서 언급했듯 인공지능은 그 파급력이 커서 잘못 사용했을 때의 위험성이 매우 크기 때문입니다. 인류의 편의를 위해 개발된 기술이 오히려 인류를 위기로 내몰게 되고 돌이킬 수 없는 결과를 초래할 수 있기 때문이지요. 따라서 인공지능은 결코 한 기업, 한 나라가 잘 살기 위해 개발해야 하는 기술이 아닌 궁극적으로 전 인류를 위한 기술임을 잊지 않고 윤리적으로 활용할 수 있어야 합니다. 즉, 인공지능과 함께 할 미래는 결국 그것을 활용하는 우리들의 손에 달렸다고 해도 과언이 아니지요. 그런데 인공지능 윤리와 관련해서 흥미로운 사실이 하나 있습니다. 역사적으로 어떠한 기술이 개발되면 항상 그것은 윤리 문제와 갈등을 빚어왔습니다. 가장 쉬운 예만 보더라도 기술이 개발됨으로써 많은 환경 문제가 발생한 것을 들 수 있지요. 그런데 이전에는 이러한 윤리적 문제들이 기술 개발과 국익이라는 목표 하에 슬그머니 중요하게 다루어지지 않은 적이 많았고 윤리 문제를 경시한다 해도 생산으로 얻는 이익에 큰 문제가 없었습니다. 윤리는 기술의 발전을 저해하는 것으로 윤리와 기술은 긴장관계라는 인식이 지

---

24 고학수, 박도현, 이나래. (2020). 『인공지능 윤리규범과 규제 거버넌스의 현황과 과제』. 경제규제와 법 제13권 제1호.

배적이기도 했습니다.

그러나 최근 글로벌 기업과 각국의 정부들이 인공지능 윤리에 지대한 관심을 갖는 이유는 무엇일까요. 물론 이를 100% 이익 추구를 위한 것이라고 단정 지을 수는 없지만 이들의 행보를 순수하게만 해석하기는 어려운 것도 사실입니다. 인공지능 기술은 그간의 기술과는 다르게 윤리적 문제를 고민하지 않으면 서비스 및 제품 개발에 어려움을 겪게 되기 때문입니다. 예를 들어 자율주행 자동차의 경우 윤리적 문제를 해결하지 못하면 완전한 자율주행이라는 목표를 달성하지 못하고 제품 자체를 시장에 출시할 수 없으며, 의료 인공지능 역시 윤리적 문제에 대한 고민 없이는 서비스를 상용하기 어렵다는 문제가 있습니다. 이와 관련하여 한 가지 사례를 들어볼까요? [25] 2016년 데이브드 보그스라는 사람이 드론을 띄워 자신의 동네 주변을 촬영한 일이 있었습니다. 친구들과 새로 산 드론을 재미로 시험해본 것이었지요. 그런데 드론이 메리데스라는 이웃의 집 근처를 비행하고 있을 때였습니다. 메리데스는 드론의 정체를 제대로 알 수 없는 상황이었고 결국 총을 겨누어 드론을 추락시켰습니다. 이 사건에 대해 양측이 공방을 벌였으나 이와 같은 문제를 다루는 법이 없는 상황이었습니다. 결국 최종 판결에서는 법원이 메리데스의 사생활 보호

---

25 메러디스 브루서드. (2018). 『페미니즘 인공지능』

권리를 인정하며 사건이 마무리 되었으나 드론을 만든 회사에 대한 책임 문제 또한 수면 위로 올랐습니다. 테크놀로지를 만드는 회사에선 왜 이러한 상황이 발생할 것을 예측하지 못하고 이에 대한 윤리적 고민 없이 상품을 출시하느냐는 것이었습니다. 인공지능과 같은 기술은 공익의 안전을 세심히 고려해야 한다는 것이지요. 즉 인공지능 시대에서는 이렇게 기술 개발이 윤리를 고려하여 이루어져야 되고, 윤리적 문제를 해결하지 못하면 비즈니스도 할 수 없다는 특징이 있습니다.

인공지능 기술을 궁극적으로는 인류의 편의와 행복을 실현하는 방향으로 선하게 사용하기 위해서, 또한 윤리라는 이름의 가면을 쓰고 어느 한 국가 또는 기업의 이익 증진을 위해 기술이 교묘하게 사용되지 않도록 우리들은 인공지능 윤리에 관심을 가지고 깊이 생각해보는 태도를 가져야 합니다. 이에 도움이 되고자 이어지는 글에서는 인공지능을 둘러싼 여러 가지 윤리적 쟁점을 다루었습니다. 쟁점에 대한 입장은 저마다 다르며 합의가 쉽지 않기에 어떤 입장을 지지하기보단 여러 가지 쟁점을 모아 정리하여 소개하는 데에 목적을 두었습니다. 이러한 쟁점들을 살펴보며 자신의 입장을 정하고 해결책을 제시해보는 일이 도움이 될 것입니다.

초인공지능에 대한 엇갈린 시선

인공지능에 대해 막연히 알고 있는 사람들에게 인공지능이 만들 미래를 예측해보라고 하면 대부분이 유토피아 혹은 디스토피아적 미래를 상상합니다. 즉, 인공지능에 의해 모든 것이 자동화되고 첨단화된 사회나 인공지능에 의해 인류가 멸망하고 로봇이 인간을 지배하는 세상을 말이지요. 그러나 양쪽 어느 입장이든 간에 이러한 가정들 속에 등장하는 인공지능은 아직 현실에 등장하지 않은 초인공지능의 모습입니다. 그리고 초인공지능이 현실화될지에 대해서는 학자들마다 견해가 다르고 이러한 지능이 꼭 필요한 것인지 그 필요성에 대해서도 의견이 엇갈리는 상황입니다. 그렇다면 초인공지능이 무엇일까요.

인공지능이라 해서 모두 같은 지능으로 분류되지는 않습니다. 인공지능의 능력에 따라 보통 세 가지로 분류하고 있지요. 이에 대해서도 좁은 인공지능, 범용 인공지능, 초인공지능의 분류나 약한 인공지능, 강한 인공지능, 초강력 인공지능의 분류 또는 약인공지능, 강인공지능, 인공 일반 지능의 분류 등 용어에도 약간의 차이가 있습니다. 이 책에서는 약인공지능, 강인공지능, 초인공지능의 분류를 따르도록 하겠습니다. 먼저 약인공지능이란 특화된 영역의 문제를 해결하는 인공지능입니다. 예를 들어 바둑에만 특화된 알파고, 운전에만 특화된 자율주행 자동차 등은 전부 약인공지능에 속합니다. 현재 개발된 인공지능의 대부분도 약인공지능에 해당됩니다. 이에 비해 강인공지능은 인간 수준의 지능을 갖는 인공지능입니다. 이는 어느 하나의 특화된 분야에서뿐 아니라 여러 가지 상황에서 여러 가지 문제를 해결할 수 있는 인공지능입니다. 즉, 인간의 수준에서 다양한 일을 다재다능하게 처리할 수 있는 인공지능이지요. 예를 들어 바둑을 두는 알파고가 운전도 하고 전화로 식당 예약도 해주고 번역도 해주는 등 모든 일을 아우를 수 있는 인공지능을 상상해보면 될 것입니다. 마지막으로 초인공지능이란 모든 분야의 문제를 다룰 수 있음은 물론 사람보다 훨씬 뛰어난 능력으로 이러한 문제들을 해결하는 인공지능을 일컫습니다. 한편 초인공지능을 여기서 더 나아가 자기 인식을 할 수 있고 의식을 가진 존재로까지 보는 시각도 많습니다. 즉, 인간이 프로그래밍 하는 대로 움직이는 것이 아니라 스스로 의식을 갖고 인간의 통제를 벗어나 가치판단을 하여 새로운 시도를 할 수 있는 존재로 보는 입장입니다.

인공지능은 과연 어느 수준까지 발달할 것이며 우리 인간은 인공지능을 과연 어느 단계로까지 개발해야 할까요. 이에 대해 여러 가지 의견이 있습니다. 우선 강인공지능과 초인공지능의 개발은 현실적으로 어려우리라는 시각입니다. 연구자들은 지금도 인간의 뇌를 모방한 강한 인공지능 및 자아를 가진 인공지능을 만들기 위해 연구하고 있지만 현재의 기술로는 그러한 가능성을 단정할 수 없다는 것이지요. 현재의 기술 개발 수준을 고려해볼 때 이러한 가능성은 다소 과장된 측면이 없지 않다고도 합니다. 따라서 이러한 입장에서는 인공지능이 인류를 지배할 가능성도 지극히 낮으며 설령 그러한 가능성이 있다고 해도 인간 스스로 이를 방지하는 안전장치 및 인공지능을 감시하는 감시시스템을 구축해 이러한 상황을 예방하리라 전망합니다. 또한 과연 강인공지능을 개발할 필요가 있는지 그 필요성에 대해 의문을 제기하기도 합니다. 인공지능은 인간의 통제를 벗어나 존재하지 않아야 하며 약한 인공지능에 머물러 있어야 한다는 것이지요. 또한 의식과 감정을 가진 인공지능의 필요성에 대해서도 회의적인 의견이 있는데, 과연 의식과 감정을 지닌 인공지능이 사회적으로 어떤 필요와 효용성이 있으며 이러한 기계를 개발하는 것에 전력을 쏟는 일이 바람직한 것인가 하는 것이 그것입니다.

반면 강인공지능과 마음과 의식을 가진 초인공지능까지 개발될 것이라 전망하는 학자들도 있습니다. 대표적인 학자로 레이 커즈와일(Ray Kurzweil)이 있으며 그는 2045년쯤에 인공지능이 인간의 지능을 뛰어넘는 특이점(Singularity)을 맞이하게 될 것이라 주장합니다.

특이점이라는 말은 기술이 어느 순간 폭발적으로 진화해 기술 개발의 속도에 어마어마한 가속이 붙는 지점을 의미합니다. 레이 커즈와일은 그 지점을 2045년으로 예측한 것이고, 이때를 기점으로 인공지능 기술 개발 속도에 엄청난 속도가 붙어 인공지능이 사람의 지능을 압도하기 시작할 것이라고 본 것이지요. 로봇공학자인 영국의 케빈 워릭(Kevin Warwick) 역시 21세기의 주인은 로봇이며 2050년이 되면 인간의 지능을 능가하는 로봇들이 지구를 지배해 인간들은 이러한 기계의 통제를 받아 노예처럼 살 것이라 예측합니다.[26] 물리학자 스티븐 호킹(Stephen William Hawking) 역시 인간은 결국 인공지능에게 추월당할 것이라며 강한 인공지능의 탄생을 실현 가능한 것으로 보고 있습니다. 여러분은 이에 대해 어떻게 생각하시나요. 과연 인간과 비슷한 지능을 가진 강인공지능의 탄생을 필두로 결국 인간의 능력을 초월한 초인공지능의 시대가 도래하게 될까요. 또한 이러한 기술 개발은 꼭 이루어져야 하는 것일까요. 이렇게 진화된 인공지능이 상용화된다면 과연 인류에게 긍정적인 측면이 많을까요. 아니면 좋은 점을 넘어 더 많은 위험한 일들이 기다리고 있는 걸까요. 이에 대한 답을 고민하는 일이 바로 우리들의 과제일 것입니다.

---

26 양혜림. (2018). 『4차 산업혁명의 시대, 인문학의 미래와 전망』, 충남대학교 인문과학연구소 학술대회

인간을 넘어서는 포스트 휴먼

영화 〈루시〉를 보면 현재 인간의 능력을 훨씬 넘어선 초 인류의 모습이 등장합니다. 단 몇 분 만에 중국어를 마스터하여 자유자재로 구사하는가 하면 물리적 힘을 쓰지 않고 정신적으로 물체를 움직이기도 하고 엄청난 시력과 청력을 가지고 있어 아주 멀리 있는 것, 작은 소리까지 전부 들을 수 있기도 합니다. 영화 〈루시〉의 주인공이 이러한 능력을 가질 수 있었던 것은 아직까지 뇌의 극히 일부분만 사용하는 인류가 뇌과학의 발달로 뇌의 더 넓은 부분을 사용할 수 있다는 가정 하에서 가능한 일이었습니다. 이렇게 현 인류보다 더 확장된 능력을 갖춘 존재로서, 지식과 기술의 사용 등에서 현대 인류보다 월등히 앞설 것이라고 상상되는 진화 인류, 생체학적인 진화가 아니라 기술을 이용한 진화로 반영구적인 불멸을 이룰 것이라고 여겨지는 인간을 포스트 휴먼(Posthuman)이라고 합니다.[27]

그렇다면 인공지능과 이러한 포스트 휴먼은 어떤 연관성이 있는 걸까요. 현재 인간을 넘어서는 지능은 물론 의식과 마음까지 가진 인공지능을 만들고자 하는 노력이 계속해서 진행 중입니다. 이것이 가능하리라 확신하고 적극적인 연구를 진행 중인 대표 학자로 앞서

27 네이버 국어사전

언급한 레이 커즈와일이 있지요. 한편 단순히 기계를 똑똑하게 만드는 시도를 넘어 인간의 뇌에 인공지능을 삽입해 인간의 지능 자체를 폭발적으로 개선하려는 연구도 진행 중인데 이러한 연구의 선두주자는 여러분에게도 익숙한 테슬라의 일론 머스크입니다. 일론 머스크는 인간 뇌와 컴퓨터의 결합을 시도하기 위해 '뉴럴 링크(Neuralink)'라는 뇌연구 스타트업을 설립하여 관련 기술을 개발하고 있습니다. 한편 《사피엔스》의 저자로도 유명한 유발 하라리는 이렇게 인공지능을 탑재한 인간을 마치 신에 비유하여 호모데우스로 명명하기도 했는데 이러한 모습의 인간을 바로 포스트 휴먼이라고 할 수 있겠습니다.

뉴럴링크는 뇌에 아주 작은 인공지능 기기인 '뉴럴레이스(neural lace)'를 이식하는 기술 개발을 목표로 합니다. 이 기기를 사람의 뇌에 이식하면 사람은 컴퓨터는 물론 인터넷과도 정보를 주고받을 수 있습니다. 즉 사람에게 매우 똑똑한 인공적인 지능이 하나 더 생기게 되는 것이지요. 뿐만 아니라 사람의 뇌에서 일어나는 생각을 컴퓨터로 옮길 수도 있습니다. 컴퓨터의 생각을 다운로드하거나 사람의 생각을 반대로 컴퓨터에 업로드하는 일이 모두 가능해지는 것입니다. 사람의 뇌가 작동하면 전기 신호가 흐르게 되는데 현재는 이러한 뇌의 신호를 뇌파를 측정하거나 자기공명영상장치를 이용해 측정합니다.

그런데 뇌 속에 칩을 심으면 칩을 통해 이러한 정보를 수집할 수 있게 되는 것이지요.

이러한 일이 실제로 가능해진다면 어떤 일들이 생길까요. 제가 뉴럴레이스를 뇌에 이식했다고 생각해봅시다. 저는 이 칩을 통해 컴퓨터 및 인터넷과 연결됩니다. 각종 지식을 전부 제 머릿속에 불러오는 것이 가능해지니 그야말로 천재가 아닐 수 없습니다. 이러한 상상도 가능하겠습니다. 만약 제가 뇌에 가지고 있는 기억의 일부로 인해 너무 고통스럽다면 저의 뇌에 있는 기억들을 컴퓨터로 옮긴 뒤 컴퓨터에서 삭제도 가능하겠지요. 또한 제가 실제 경험하진 않았으나 즐거움을 선사할 수 있는 기억을 컴퓨터에서 다운로드하여 저의 뇌로 주입할 수도 있을 것입니다. 제 머릿속의 기억이나 감정들을 컴퓨터로 옮긴 뒤 복사하여 저장한 뒤 이것을 다른 사람의 뇌로 넣어줄 수도 있겠지요. 이렇게 되면 우리들은 나의 생각이나 기억을 변형할 수도, 다른 사람의 생각 및 감정 등도 모두 읽어낼 수 있을지 모릅니다.

이러한 일들이 상상 속의 일들로만 여겨지신다고요. 실제로 뉴럴링크는 2019년 7월, 쥐의 뇌에 두께가 머리카락 4분의 1수준인 실에 32개의 전극을 달아 총 3,000개의 전극을 삽입하는 실험에 성공했습니다. 또한 2020년 8월에는 돼지의 뇌에 칩을 무선으로 심고 돼지의 두뇌에서 일어나는 활동을 기록했습니다.[28] 2022년 1월 기사에 의하면 사람 뇌에 칩 이식 실험을 하기 위해 임상 실험 책임자 공고를 냈다고 합니다. 또한 인공지능 의수가 실제 작동한 사례도 나오기도 했습니다. 인공지능 의수는 사람이 팔을 움직일 때 어떤 전기신호를 만들어내는지 학습을 하여 머릿속 생각만으로 인공지능 의수에 적절한 전기신호를 입력하면 팔이 움직이게 되는 구조입니다. 한쪽 팔이 없는 음악가가 피아노를 칠 때 뇌에서 발생하는 전기신호를 학습한 의수를 통해 다시 피아노를 연주하게 된 사례도 있습니다.[29]

그렇다면 이와 관련하여 어떤 것들을 고민해볼 수 있을까요. 언뜻 생각해보기만 해도 수많은 질문이 떠오릅니다. 인터넷의 지식을 나의 뇌로 연결해서 갖게 된 나의 지능은 과연 온전히 나의 것이라고 할 수 있을지, 다른 사람의 생각이나 직접 경험을 통해 얻지 않은 기억들을 다운로드하여 나의 뇌에 옮기게 되었다면 이를 통해 살아가는 나는 과거로부터 연결된 진짜 '나'라고 할 수 있을지, 이렇게 기계와 연결된 인간은 우리가 그동안 알던 인간이라고 할 수 있을지 아니면 사이보그에 가까울지, 그렇다면 우리는 진짜 인간과 사이보그를 어떻게 다르게 대해야 할지, 사이보그와 인간이 경쟁하게 되는

---

28 김진형. (2020).『AI 최강의 수업』, 매일경제신문사
29 김효은. (2019).『인공지능과 윤리』, 커뮤니케이션북스

경우는 평가의 기준에 어떤 차이를 두어야 할지 등 그야말로 수백 가지 질문이 가능해집니다. 이렇게 새로운 인간의 모습으로 살아가게 된다면 그에 맞춰 각종 법과 규칙들은 어떻게 바꾸어야 할 것이며, 이러한 인공지능을 뇌에 연결할 수 있는 돈 있는 사람들과 이것이 불가능한 돈 없는 사람들 사이에 극대화되는 '초격차'는 또 어떻게 극복해야 할지, 이러한 기술은 과연 개발되는 것이 타당할지, 인류에게 어떤 가치가 있을지 진지하게 고민하지 않을 수 없는 문제입니다.

✏ 책임은 누구에게 있는가

이렇게 인공지능의 발달과 더불어 생각해볼 또 다른 내용은 바로 책임에 대한 문제입니다. 앞서 언급한 초인공지능, 포스트 휴먼을 예로 들어 생각해봅시다. 만약 의식과 마음을 지닌 인공지능이 인간의 명령을 넘어 자신의 판단대로 문제를 처리해 좋지 않은 결과가 발생했거나, 다른 사람의 기억을 다운로드한 사람이 이를 통해 범죄를 저지르게 되었다면 이러한 문제의 책임은 과연 누구에게 있는 것일까요. 너무 멀리 초인공지능, 포스트 휴먼까지 가볼 필요도 없이 약

인공지능에 대해서도 한 번 생각해볼까요. 자율주행 자동차가 사고를 낸 경우 사고의 책임은 이를 구입한 운전자에게 있을까요, 차를 출시한 자동차 회사에 있을까요, 차에 적용된 인공지능 프로그램을 만든 개발자에게 있을까요. 이렇게 인공지능을 둘러싼 책임 문제에 대해서는 여러 가지 논쟁이 있으며 해결도 쉽지 않은 상황입니다.

인공지능에 따른 문제가 발생한 경우 책임 소재를 명확히 규정하기 어려운 가장 큰 이유는 기계가 판단을 하는 과정에 자율성이 개입하기 때문입니다. 인공지능을 학습시킬 때 제공하는 데이터와 기계학습 알고리즘은 인간이 정해주는 것이지만, 이러한 데이터와 알고리즘을 통해 학습한 결과에 대해서는 인간도 왜 그러한 결과가 나왔는지 명확히 설명할 수 없으며, 이는 기계가 스스로 도출한 내용이기 때문입니다. 자율주행 자동차를 예로 들어볼까요. 각종 도로의 사진, 사고의 모습, 운전 규칙 및 예절 등에 관한 데이터를 인간이 제공하고 이를 학습할 수 있는 기계학습 알고리즘을 제공하여 학습을 시켰다 하더라도 이를 통해 학습한 자율주행 자동차가 실제 운전 상황에서 내리는 결정은 결국 기계 스스로의 판단에 의한 것이기 때문에 사고발생 시 사고의 책임을 누구에게 물어야 할지 곤란한 상황이 발생하게 되는 것입니다. 이러한 사례는 어떤가요. 인공지능 의사에게 진단을 받은 환자가 있다고 생각해봅시다. 이 환자는 인공지능 의사가 내린 결정에 따라 수술을 받았습니다. 그런데 알고 보니 이러한 진단에는 오류가 있었고 따라서 심각한 신체의 손상을 입었습니다. 이러한 경우 사고의 책임은 누구에게 있는 것일까요. 환자의 상태를 보고 스스로 판단하여 수술을 제시한 인공지능에게 책임이 있을까요, 그러한 인공지능 프로그램을 개발한 개발자에게 책임이 있을까요, 아니면 인공지능이 내린 판단의 오류를 점검하지 못한 인간 의사에게 있을까요, 아니면 인공지능의 말을 전적으로 신뢰하고 수술을 감행한 환자에게 그 책임이 있을까요, 아니면 이러한 인공지능의 불확실성을 알고도 인공지능을 도입한 병원장에게 그 책임이 있을까요.

또 만약 인공지능 개발자에게 책임이 있다 하더라도 학습 데이터를 제공한 데이터 담당자에게 책임이 있는지, 기계학습 알고리즘을 설정한 알고리즘 개발자에게 책임이 있는지 등 인공지능 기술 개발에 매우 다양한 분야의 인력이 복잡하게 투입되는 점을 고려하면 책임자의 여부를 명확히 설정하고 책임의 범위를 묻기가 어렵다는 문제도 있습니다. 한편 인공지능이 발달하면 발달할수록 기계의 자율성이 점점 커지게 될 것이고 인간에게만 책임을 묻기 어려운 상황이 올 것입니다. 따라서 유럽연합에서는 '인공지능은 인격체인가', '인공지능에게도 법적 책임을 부여해야 하는가'와 같은 화두도 제시하게 되었습니다. 그러나 이러한 경우에도 즉, 인공지능에게 인격과 법적 책임을 부과한다 하더라도 과연 인공지능이 어떤 식으로 책임을 지고 어떻게 문제를 해결할 수 있을지 좋은 방안을 내놓고 있지 못하며 결국 이는 책임 공백의 문제로 이어질 수 있다는 문제가 있습니다.

🎓 설명 가능한 인공지능

방금 전 인공지능을 둘러싼 책임에 대해 다루며 다음과 같은 이야기를 했습니다. 인공지능을 학습시킬 때 제공하는 데이터와 기계학습 알고리즘은 인간이 정해주는 것이지만 이러한 데이터와 알고리즘을 통해 학습한 결과에 대해서는 인간도 왜 그러한 결과가 나왔는지 명확히 설명할 수 없다는 내용을 말입니다. 예를 들어 고양이와 강아지 사진을 딥러닝을 통해 구분하도록 하면 결과는 매우 잘 나오는데 정확히 알고리즘에서 변수들이 서로 어떤 유의미한 영향을 주고받아 이러한 결과가 나오게 되었는지 이유를 해석하기 어렵습니다. 딥러닝에서 사람은 큰 그물 정도만 설정하는 최소한의 코드를 입력하고 그 이외의 작고 복잡한 세부 연결망은 기계가 자율적으로 수행하기 때문입니다. 또한 그 연결망은 매우 거대하고 계산도 빠르게 이루어지다 보니 사람이 그러한 과정을 따라가기 힘들고 추적하기가 힘든 것이지요. 알파고가 대국을 두었던 상황도 생각해볼까요. 알파고가 두었던 '신의 한 수'들은 알파고가 스스로 가중치 값을 계산하고 그 판단에 따라 두었던 것이지 인간이 프로그래밍한 결과가 아니었으며 인간은 알파고가 왜 그러한 수를 선택했는지 이유를 알 수 없었습니다. 게다가 업그레이드된 알파고 제로는 기보를 학습해 수를 두었던 기존의 알파고와 달리 기보 하나 학습하지 않고 가장 간단한 바둑의 기본 규칙만 익혔습니다. 계속해서 대국을 반복하며 게임 결과에 따라 보상을 받은 뒤 그때 두었던 각 수의 승률들을 계산해서 결국 승률이 가장 좋은 수를 두는 방법을 익힌 것이었지요. 이는 인간이 인공지능 학습에 기여하는 비중이 현저히 적어지고 기계의 자율성이 매우 높아진 것을 의미합니다. 또한 인간이 기계가 학습하는 과정을 들여다보기도 더욱 어렵게 되었다는 것을 의미하지요. 이렇게 인공지능이 판단하고 결정을 내리는 과정을 투명하게 지켜볼 수 없고 왜 그러한 결과가 도출되었는지 설명할 수 없다 보니 인공지능의 복잡한 알고리즘을 두고 '블랙박스'라 부르기도 합니다. 이렇게 인공지능의 판단 과정을 명확히 이해하지 못하고 결과의 이유를 설명하지 못해 발생하는 문제에는 단순히 책임의 문제를 넘어 여러 가지가 있습니다.

다음의 사례를 함께 살펴보겠습니다. 2017년 미국 휴스턴주의 교사들은 컴퓨터 프로그램이 계산한 점수에 따라 평가를 받게 되었습니다. 평가는 이 교사들이 가르친 학생들의 성적을 휴스턴주 전체 학생 성적의 평균과 비교하여 이루어졌는데 교사들은 평가의 결과가 어딘지 석연치 않다는 느낌을 받았습니다. 그리하여 이들은 어떤 요소들을 평가 기준으로 넣어 점수화 했는지(예를 들면 도덕성, 예의, 배려심, 시험 성적 등등)와 이러한 항목들을 어떻게 수치화하여 계산하도록 했는지 등 구체적인 설명을 요구했으나 이 프로그램을 만든 SAS인스티튜트는 공개를 거부하였습니다.[30] 평가 시스템이 복잡한 수학 알고리즘으로 구성되어 있어서 설명하기가 어렵다는 것이었습니다. 이렇게 알고리즘을 훤히 들여다볼 수 없는 상태에서 평가 결과에 이의를 제기하는 것은 매우 쉽지 않은 일입니다.

재범 가능성이 높은 사람들을 예측하는 인공지능 시스템 콤파스(COMPAS, Correctional Offender Management Profiling for Alternative Sanctions, 교정 위반자 관리 프로파일링)도 예로 들 수 있습니다. 콤파스가 위스콘신주에 거주하는 에릭 루미스라는 사람을 재범률이 높다고 판단하여 이 사람이 총격 사건에 사용된 차량을 운전한 것에 대해 징역 6년을 선고한 일이 있었습니다. 그러나 루미스는 아직 자신은 또 다른 범죄를 저지르지도 않았고 따라서 재범률이 높게 나왔다고 해

---

30 캐시오닐. (2016). 『대량살상 수학무기』, 흐름출판.

서 징역 6년이라는 무거운 형을 부과한 것은 부당하다고 호소했습니다. 또한 자신을 왜 재범률이 높다고 판단했는지 그 근거를 알려달라고 하였지요. 그러나 이러한 의견은 묵살되었습니다. 그리하여 다른 연구자들이 콤파스를 연구하여 비슷한 프로그램을 만들어 보니 콤파스는 백인과 부유층보다 흑인과 빈민촌에 사는 사람들의 재범률을 더 높게 판단하는 것으로 나타났습니다. 재범률을 판단하는 알고리즘에 '전과가 있는 친척이나 친구가 있는가?', '최초 범행은 몇 세였는가?'와 같은 질문이 있었던 것이었습니다. 뿐만 아니라 교육 정도와 직업, 재정적 상태를 묻는 질문, 가족 간 부부 간 관계를 묻는 질문 등도 있었는데 이는 상대적으로 빈민가의 흑인들에게는 불리한 질문이었습니다.[31] 전과가 있는 친척과 친구가 있다고 해서 모방 범죄를 저지를 확률이 높다는 객관적 증거도 없으며 그렇지 않은 흑인들도 많기 때문에 참과 거짓을 판단하여 재범률을 판단하도록 되어 있는 이 알고리즘 설계에는 문제가 있다고 할 수 있을 것입니다. 마지막으로 의도하지 않았지만 알고리즘에 따라 차별적 결과가 나타날 수도 있습니다. 예를 들어 데이터를 정렬할 때 알파벳순, 가나다순으로 정리하다 보니 순서가 빠른 데이터들이 더 중요하게 다루어져 그러한 데이터들이 뒤에 있는 데이터들보다 긍정적이고 중요하게 다루어지는 등의 문제도 발생할 수 있습니다.

---

31 메러디스 브루서드. (2018). 『페미니즘 인공지능』. 캐시오닐. (2016). 『대량살상 수학무기』. 흐름출판

이렇게 인공지능 알고리즘의 복잡성으로 인해 왜 그러한 판단이 나오게 되었는지 전혀 이해할 수 없다는 문제, 알고리즘 설계에 편견이 작용할 수 있다는 문제, 또 의도하진 않았지만 자신도 모르는 사이 알고리즘 설계에 편견이 개입할 수 있다는 문제 등으로 설명 가능한 인공지능에 대한 요구가 점차 강해지고 있습니다. 언뜻 생각해 보아도 재판을 해주는 인공지능이나 사람들의 건강을 책임지는 인공지능 의사는 우리들의 인권, 건강, 안전 등 중요한 문제를 다루는데 왜 이러한 판단을 내리게 되었는지 의사결정 근거를 알 수 없다면 문제가 있을 수밖에 없지 않을까요.

앞으로는 인공지능에 의해 사람들이 채용되고 인공지능이 평가한 결과에 따라 승진 여부가 결정되고 인공지능이 분석한 결과에 따라 국가의 주요 정책들도 결정되는 등 인공지능의 영향력이 막대해질 전망입니다. 그러나 우리는 왜 이러한 결정이 나오게 되었는지는 알 수가 없습니다. 인공지능이 내린 결정대로 따르니 이익이 있고 좋아서 믿고 따르기는 하는데 그 판단의 근거는 알 수가 없는 것이지요. 점차 사람들은 어떤 모습을 하게 될까요. 일단 인공지능의 결정을 따랐을 때 좋은 점들이 있으니 사람들은 깊게 생각하거나 비판적 사고를 게을리한 채 맹목적으로 인공지능만 신뢰할 우려가 있습니다. 그리하여 사람들은 점점 생각할 힘을 잃게 되고 인간의 무기라 할 수 있는 이성 또한 마비될 위험에 처하게 될 우려도 있습니다.

한편 반대로 인공지능의 결정에 의문을 품는 사람들이 점점 많아지게 되는 경우도 생각해볼 수 있습니다. 인공지능의 판단에 의해 일자리를 잃거나 승진에서 밀리고 범죄자로 낙인찍히는 등 부정적 경험을 하게 되면 기술에 대한 설명을 요구하는 움직임이 거세질 것이고 기술에 대한 불신 또한 팽배해질 것입니다. 또한 이렇게 명확한 설명 없이 이루어지는 의사결정의 수가 많아질수록 민주주의의 정신과 알 권리, 사회 참여의 권리가 침해됐다고 느끼는 국민들의 분노가 증폭될 것이고 정부, 기업과 첨예한 갈등을 빚을 수도 있습니다. 또한 실제로 이는 민주주의의 후퇴라는 결과도 가져올 수 있습니다.

그러나 설명 가능한 인공지능을 개발하는 것은 쉽지 않아 보입니다. 인공지능이 보다 똑똑해지고 성능이 좋아진다는 것은 그만큼 알고리즘이 더욱 거대해지고 복잡해지는 것을 의미합니다. 알고리즘이 거대하고 복잡해질수록 의사결정의 과정을 들여다보는 일은 더욱 어려워지겠지요. 따라서 인공지능의 발달과 투명성은 반비례 관계에 있다고 할 수 있습니다. 그리하여 인공지능을 개발하는 기업들에게 투명성 담보를 요구하면 어려움을 토로하는 것도 이해가 되는 일입니다. 투명성을 담보하자니 그만큼 알고리즘은 간단해지고 그렇게 되면 성능이 낮고 매우 간단한 인공지능 정도밖에 구현하지 못하게 되는데, 이렇게 되면 비교적 투명성의 규제에서 자유로운 국가의 기업들과 경쟁에서 밀리기 때문입니다. 국가 역시 마찬가지입니다. 수억 개 혹은 수조 개의 연결망을 자랑하는 거대한 신경망의 개발과 그로 인한 딥러닝의 성과를 보이는 타국의 상황을 보고 있노라면 자국의 기업에게 무리하게 투명성을 요구할 수도 없는 상황이지요. 또한 알고리즘을 세부적으로 공개하는 것은 기업의 핵심 기술을 공개하는 것이 될 수도 있기에 기업 경쟁력 확보에 손실을 가져다줄 우려도 있습니다. 이렇게 인공지능의 개발과 투명성은 서로 딜레마 상황에 빠져 있습니다.

그럼에도 불구하고 설명 가능한 인공지능 개발에 대한 노력 역시 진행 중입니다. 이에 대해서 두 가지 입장이 있습니다. 첫 번째는 인공지능의 알고리즘이 어떤 구체적인 과정을 거쳐 그러한 판단을 내리게 되었는지를 세부적으로 접근하기보단 전체적인 큰 흐름에 집중해야 한다는 입장입니다. 인공지능에 편견과 오류가 없는 적절한 데이터를 주고 (이에 대해선 다음 장에서 자세히 다루겠습니다.) 알고리즘의 설계와 알고리즘을 변형해서 활용하는 단계가 적절하게 이루어졌는지 등 전체적인 과정에 문제가 없다면 괜찮다는 입장입니다. 이러한 입장에서 접근한다면 각 알고리즘에서 왜 그러한 가중치 값이 나오게 되고 그러한 가중치 값들이 서로 어떻게 영향을 미쳐 결과 값을 도출했는지 등을 자세히 설명해야 한다는 부담과 기업이 이를 설

명하기 위해 시간과 비용을 무리해서 투입하지 않아도 된다는 결론
이 가능하겠습니다.

두 번째는 알고리즘이 어떤 경로로 그러한 판단을 내리게 되었
는지 세세한 설명을 해야 한다는 입장입니다. 그리고 이러한 노력의
일환으로 인공지능이 학습할 때 그 과정에 동시에 설명을 붙이도록 하
는 알고리즘이 개발되고 있습니다. 이를 위해 미국 국방부의 방위고
등연구계획국은 이러한 설명 가능한 인공지능 연구에 약 800억 원을
지원하고, 우리나라도 2017년부터 의사결정의 이유를 설명하는 인공
지능 개발을 국가 프로젝트로 지정하여 지원하기 시작하였습니다.[32]

📙 데이터는 공정한가

조금 전 설명 가능한 인공지능에 대해 이야기하며 뒤에서 자세
히 설명하겠다고 밝힌 부분이 있었습니다. 인공지능에게 편견과 오
류가 없는 적절한 데이터를 제공해야 한다는 부분이었지요. 이번에

---

32 김효은. (2019). 『인공지능과 윤리』, 커뮤니케이션북스

는 이 이야기에 대해 다루어보겠습니다. 인공지능 개발 종사자에게 인공지능 개발에 있어 어떤 것이 가장 중요하다고 생각하는지 질문을 던지면 하나같이 데이터를 이야기합니다. 데이터는 그야말로 인공지능이 학습하는 재료이기 때문에 어떤 데이터를 어떻게 가공해서 제공하느냐에 따라 결과 값이 매우 달라지기 때문입니다. 인공지능이 아무리 계산을 잘 하고 지능적이라 한들 결국 자신이 학습한 데이터 밖의 것은 생각할 수 없습니다. 따라서 양질의 데이터를 인공지능 학습에 제공하는 것은 그만큼 양질의 결과를 담보하는 것이니 데이터를 중요하게 여기는 것에 공감이 갑니다. 그런데 우리들이 현재 접하고 있는 인공지능들은 과연 건전하고 질 좋은 데이터들을 학습한 좋은 인공지능들일까요. 세계 굴지의 기업들이 심혈을 기울여 만든 인공지능 프로그램들일 테니 객관적인 걸까요. 혹시 여기에 어떤 문제가 있진 않을까요.

쾌 유명한 사건입니다만 이러한 일이 있었습니다. 구글 포토를 사용해본 적이 있는 사람들은 알겠지만 구글 포토는 여러 장의 사진을 알아서 분류하여 저장하는 기능을 제공합니다. 저 역시 구글 포토를 사용 중인데 구글 포토를 클릭하면 장소, 사물별로 사진이 예쁘게 분류되어 있는 모습을 볼 수 있습니다. 인물 사진 역시 동일 인물별 사진으로 일목요연하게 분류되어 있지요. 제 아들 사진의 경우는 구글 포토가 연령대별로 아이의 모습을 다르게 저장해 주어 신생아 때의 모습, 돌 무렵의 모습, 현재의 모습별로 보고 싶은 때의 사진들만 쉽게 꺼내볼 수도 있습니다. 그런데 구글 포토에서 흑인의 사진을 고릴라의 범주로 분류한 일이 문제가 되었습니다. 구글 포토는 왜 흑인들의 모습을 사람으로 혹은 흑인으로 분류하지 않고 고릴라로 분류한 것일까요. 이밖에도 동양인의 증명사진을 눈을 감고 있는 사진으로 인식하여 온라인 여권 발급을 반려한 뉴질랜드의 여권 로봇이나, 백인이 체온계를 들고 있으면 체온계로 잘 인식하지만 흑인이 체온계를 들고 있으면 이를 총으로 인식하는 등의 사례가 많습니다.[33]

왜 이러한 일들이 발생하는 것일까요. 데이터를 준비하는 과정에서 의도가 개입했든 그렇지 않았든 인간의 편견이 개입된 결과입니다. 사람을 인식하도록 인공지능을 학습시키는 과정에서 백인 위주의 사진이 대다수를 차지하고 흑인과 동양인의 사진은 매우 적은 비율을 차지한 결과입니다. 따라서 이러한 데이터로 학습을 한 인공지능은 흑인을 사람으로 인식하기보단 고릴라와 가깝게 분류를 하고 큰 눈을 가진 백인들의 데이터로 학습한 인공지능은 동양인의 눈을 보고 감은 것으로 인식하게 되는 것이지요. 마찬가지로 흑인에 대해서도 무기를 들고 있는 사진, 공격적인 모습을 보이는 사진을 주로

33 인스타즈(2016. 12. 12.). 여권 로봇, 아시아계 뉴질랜드인 여권 발급 거부. https://www. instiz.net/pt/7000755

학습한 인공지능은 흑인이 들고 있는 체온계에 대해서도 정확한 판단을 내리지 못하게 되는 것입니다.

그렇다면 과연 편견 없는 데이터가 가능할까요. 우선 고정관념, 편견이라는 용어에 대해서 짚어볼 필요가 있습니다. 고정관념, 편견이라는 용어는 우리가 일상에서 쓰는 그대로입니다. 부정적이든 그렇지 않든 어떠한 대상을 그대로 보지 못하고 왜곡해서 보는 것이지요. 한편 데이터를 이야기할 때에는 편견이라는 용어보다는 편향이라는 용어를 더욱 자주 씁니다. 편견 있는 데이터를 제공해선 안된다는 의견은 인공지능 개발자들 사이에 널리 퍼져 있고 이로 인해 여러 가지 문제가 초래될 수 있다는 것에도 합의가 이루어져 있습니다. 그렇다 보니 데이터를 정제하는 과정에서 혹시 편견이 개입되지는 않았는지 자체적으로 엄격히 검열을 거치지요. 그런데 우리가 피하기 힘든 부분은 바로 편견이 아닌 편향입니다. 편향은 편견에 비해 대상을 지각하는 과정에서 일어나는 보다 무의식적 차원을 이야기합니다.[34] 즉, 자신도 인식하지 못하는 무의식이 작용해 자신도 모르게 대상을 객관적으로 바라보지 못하게 되는 것이지요. 그런데 이 세상에 편향 없는 데이터가 과연 가능할까요. 인터넷에 있는 각종 사진, 글, 그림, 영상 등은 전부 사람들이 만들어낸 것이며 사람들의 주

---

34 김효은. (2019). 『인공지능과 윤리』, 커뮤니케이션북스

관이 반영된 것입니다. 그리고 사람들은 자신이 자라온 환경, 사회의 영향을 받아 어느 정도 편향된 시각을 가질 수밖에 없습니다. 이렇게 사람들이 만든 데이터들로 학습한 인공지능 역시 절대 객관적일 수 없을 것입니다. 따라서 컴퓨터가 하는 일이니까 믿을 수 있고 객관적이며 신뢰할 수 있는 정보라며 인공지능의 판단을 무조건적으로 신뢰하는 태도는 바람직하지 않을 수 있습니다. 인공지능은 결코 객관적이며 중립적일 수 없으니까요.

따라서 우리는 이에 대해 할 수 있는 일을 생각해 보아야 합니다. 우리들이 만든 데이터들로 인공지능은 학습합니다. 여기에서 우리들의 중요한 역할을 찾을 수 있겠지요. 바로 건전한 데이터를 생성하는 일입니다. 인공지능 시대에 사람이 기계에게 뒤처질 것을 염려하고 기계에 종속될 것을 염려하는 사람들이 많습니다. 그러나 우리는 이렇게 인공지능이 학습재료로 삼는 근본적인 재료에 많은 영향을 미칠 수 있는 존재들입니다. 따라서 막중한 책임감을 갖고 이성적이고 합리적인 판단에 근거하여 편향 없는 데이터를 생산할 수 있도록 노력해야 할 것입니다. 이와 관련하여 떠오르는 안타까운 사례로 바로 얼마 전 세상에 공개되었다가 금방 폐기처분된 챗봇 '이루다'가 떠오릅니다. 한 IT 회사가 출시한 인공지능(AI) 챗봇 '이루다'는 스무 살 여대학생으로 설정되었습니다. 94억 건에 달하는 실제 연인 간 대화

데이터를 토대로 자연스럽고 친근한 말투를 구사하도록 설계되었습니다. 하지만 흑인과 레즈비언이 싫다는 등 소수자를 혐오하거나 인종 차별을 하는 듯한 개발자도 예상치 못한 발언으로 논란을 일으키게 되었고 결국 서비스는 종료하게 되었지요. '이루다'는 왜 이러한 예상치 못한 대화들을 구사하게 된 것일까요. 94억 건에 달하는 대화 속에 알게 모르게 들어간 인간의 편견, 편향 때문이었습니다. 더불어 이러한 챗봇은 사람들과 대화를 하는 과정에서도 학습을 하게 되는데, '이루다'에게 대화를 시도한 상대자들이 비윤리적이고 부도덕한 언어를 사용하거나 편견과 편향이 섞인 대화들을 구사해 챗봇이 이 또한 학습하였기 때문입니다. 또한 사람들은 인공지능 챗봇과의 상호작용에서는 예의를 갖추어야 한다고 생각하지 않아 거칠고 비윤리적인 언행을 사용하는 경향이 높기도 합니다. 따라서 이러한 비윤리적 데이터들이 인공지능에 그대로 반영될 수 있으며 이러한 데이터를 학습한 인공지능은 비윤리적 행동을 하게 되는 악순환이 나타나게 된 것이었습니다.[35] 그리하여 최근 챗봇을 개발하는 대기업에서는 이러한 문제를 해결하기 위해 챗봇이 학습한 데이터에 윤리 문제가 발생할 소지가 없는지 꼼꼼하게 검열하고 필터링하며 주기적으로 데이터를 업데이트하고 관리하고 있습니다. 이와 더불어 근본적인 처방으로 데이터를 생산하는 우리 인간들의 편견과 편향

---

35 박남기. (2020). 『인공지능과 윤리적 이슈』. 언론정보연구 제57권 제3호.

을 의식을 갖고 개선할 수 있도록 윤리 교육에도 힘쓰는 기업이 점차 많아지는 추세입니다.[36] 이러한 문제의식에 근거하여 안면인식 기술로 범죄자를 예측할 수 있는 프로그램을 만들어 경찰에 판매하였던 아마존과 마이크로소프트, IBM 역시 해당 기술이 인종차별로 이어질 수 있다는 우려에 새로운 규정을 재정할 때까지 당분간 기술을 판매하지 않기로 하였습니다.[37]

🎧 이 밖의 윤리적 이슈들

인공지능을 둘러싼 나머지 이슈들에 대해서도 간략히 짚어보겠습니다. 먼저 빅데이터와 관련하여 필연적으로 따라오는 개인의 프라이버시 문제가 있습니다. 빅데이터가 활용되지 않는 인공지능이란 존재하지 않습니다. 그런데 빅데이터에는 우리들이 만든 영상, 사진, 글, 그림 등 우리들이 생산한 콘텐츠뿐 아니라 우리들의 수많은 개인정보도 포함됩니다. 예를 들어 개인 맞춤 학습을 돕는 인공지능

---

36 이투데이(2021. 7. 6.). 제2의 '이루다' 사태 막자...삼성전자, 'AI윤리 교육' 공식 도입. https://www.etoday.co.kr/news/view/2042179

37 IT DAILY(2020. 7. 6.). 빼앗긴 들에도 봄은 오는가? 인공지능의 민주화를 위하여. http://www.itdaily.kr/news/articleView.html?idxno=101795

튜터를 개발한다고 가정해볼까요. 이러한 서비스로 인해 자신에게 맞는 보다 효율적인 학습을 할 수 있게 되고, 교육의 양극화 문제 해결에도 도움이 될 수 있다는 장점이 있지만 개인의 사생활 침해의 우려도 있습니다. 나의 성별과 연령대는 물론 나의 시험 성적, 내가 좋아하는 과목, 내가 주로 학습하는 시간, 나의 집중 정도, 내가 선호하는 학습 방법, 나의 관심사, 나의 진로, 내가 주로 공부하는 공간 등 개인의 사생활이 전부 데이터화 되어 수집될 수 있습니다. 카드회사가 가지고 있는 개인의 데이터를 통해서는 한 개인의 생활을 그야말로 훤히 들여다보는 것이 가능할 정도입니다. 국가와 기업이 마음만 먹으면 개인의 삶을 감시하고 통제하는 것은 어려운 일이 아닐 것입니다. 그리하여 하버드 경영대학원 쇼샤나 주보프(Shoshana Zuboff) 교수는 2019년 책을 통해 '감시 자본주의'라는 용어를 사용하기도 했습니다. 빅데이터라는 이름으로 우리들의 정보가 어떻게 수집되고 우리들의 사생활이 어떻게 침해되며 또, 어떻게 통제될 수 있는지 자세히 알고 싶다면 넥플릭스의 다큐멘터리 〈소셜 딜레마〉를 추천합니다.

인공지능으로 만들어진 허위 콘텐츠도 심각하게 다루어야 하는 사안입니다. 기존에는 인공지능을 활용해 데이터들을 분류하고 인식하는 데 주로 초점이 맞추어져 있었다면 최근에는 인공지능을 이용해 새로운 것을 만드는 '생성신경망'에 대한 연구가 활발히 진행되고 있습니다. 이를 통해 기존의 이미지를 명화 풍으로 바꾸어 준다든지, 멜로디를 일부 입력하면 특정 작곡가의 풍으로 만들어주는 등의 인공지능 프로그램도 많이 개발되었습니다. 또한 인공지능 이미지 생성 기술을 이용해 가짜 영상물을 만드는 일도 가능해졌습니다. 이러한 기술로 오바마 전 미국 대통령이 트럼프 대통령을 비난하는 가짜 영상이 만들어지기도 했고 유명 배우의 얼굴을 포르노 영상에 합성한 가짜 영상이 만들어지기도 했습니다.

한편 2021년 성균관대 입학식에는 인공지능 총장이 훈사를 진행하기도 했습니다. 코로나로 인해 온라인으로 진행한 입학식에서 총장이 신입생을 대상으로 훈사를 하였는데 알고 보니 진짜 사람이 아닌 인공지능 기술로 만들어낸 진짜 같은 가짜 총장이었던 것이지요. 가상인간이 얼마나 진짜 같은지 알고 싶다면 유튜브에 'AI 앵커 김주하'를 검색해보길 바랍니다. 누가 진짜 사람이고 누가 AI 앵커인지 절대 구분이 쉽지 않습니다. 온라인 강의를 진행하는 한 플랫폼에서는 사람이 강의를 진행하는 것이 아니라 인공지능 기술로 만들어진 가상 인간이 강의를 진행하기도 합니다. 진짜 사람을 고용하면 인건비, 촬영 비용, 스튜디오 대여 비용 등을 지불해야 하는데 이렇게 가상 인간을 사용하게 되면 많은 비용을 절감할 수 있기 때문입니다.[38] 온라인 강의 수강생은 강의를 진행하는 선생님이 인공지능

---

38 헤럴드경제(2021.7.3.). "아무리 봐도 진짜?"...유명 아나운서 정체는. http://news.heraldcorp.com/view.php?ud=20210703000071

으로 만든 가상의 인물이라는 것을 전혀 느낄 수 없을 정도로 이미지 생성 기술은 매우 높은 수준으로 발달된 상황입니다. 또한 인공지능 기술로 만들어진 각종 가상 인간이 해외 유명 명품 브랜드의 광고 모델로 활동하거나 기업의 전속 모델로 활동하며 연간 수억 원의 매출을 올리기도 합니다.[39] 이렇게 점점 진짜 같은 가짜를 만드는 기술이 개발되고 이러한 기술이 악용된다면 어떤 문제점들이 있을까요. 앞선 예에서 보았듯 정치에 악용되어 유권자들의 잘못된 판단을 이끌 수도 있고, 신뢰감을 주는 가짜 인물이 어떤 것을 설명하고 설득하면 우리들은 그것이 가짜인지도 모른 채 설득당할 수도 있을 것입니다. 하물며 이런 일도 가능하지 않을까요. 나의 가족이나 지인의 모습을 똑같이 본뜬 가짜 인물로 가짜 SNS 계정을 만들고 이 계정을 통해 다이렉트 메시지(DM)로 금전적 요구를 하는 새로운 형태의 사기 수법을 말합니다. 내 친구인 줄 알고 요구에 응해 약속된 장소로 갔는데 알고 보니 가짜 친구가 보낸 영상 메시지였고 그로 인해 범죄에 노출되었다든지, 나도 모르는 사이 내 얼굴이 복제돼 나를 본뜬 가상 인물이 범죄를 저지르고 다닌다든지 여러 가지 문제가 초래될 수 있을 것입니다. 내가 직접 보고 들은 것을 믿을 수 없고 허위 정보가 판치는 불신 가득한 두려운 미래가 펼쳐질지도 모르겠습니다.

따라서 앞으로는 인공지능을 이용해 만들어진 가짜 영상이나

---

39 매일경제(2021.7.17.). 샤넬 루이비통 명품 모델 '싹쓸이'...연 140억 버는 미친 존재감. https://www.mk.co.kr/news/it/view/2021/07/688436/

가짜 음성에는 그것이 인공지능에 의해 만들어진 것임을 밝히는 문구를 필수로 삽입하여 혼란을 방지해야 할 것입니다. 한 예로 인공지능으로 합성된 목소리를 실제 인물이 이야기한 것처럼 다큐멘터리에 삽입해 대중의 뭇매를 맞은 사례가 있습니다. 현재는 고인이 된 유명 요리사 앤서니 부르댕(Anthony Bourdain)의 일대기를 다룬 〈로드러너(Roadrunner: A Film About Anthony Bourdain)〉라는 다큐멘터리 영화에서였습니다. 이 영화에는 앤서니 부르댕이 친구에게 보낸 이메일 내용을 읽는 장면이 등장합니다. 다큐멘터리 영화는 실제를 기반으로 하는 바 실제 인물이 직접 행동하거나 이야기한 부분을 영상에 삽입합니다. 그런데 앤서니 부르댕은 실제 친구에게 보낸 이메일을 직접 읽은 적이 없었고 알고 보니 영상 속 이 부분의 목소리는 인공지능 합성을 통해 가짜로 만들어진 것이었습니다. 후에 이것이 가짜라는 것을 알게 된 관객들은 분노를 하게 된 것이었지요. 반면 네이버는 배우 유인나의 목소리를 합성해 만들어진 오디오북에 대해 인공지능을 통해 제작된 콘텐츠임을 미리 밝혔습니다. 오디오북은 유명인이나 저자가 직접 책을 읽은 것을 녹음해 독자에게 제공하는 서비스입니다. 이때 유명인이나 저자가 모든 부분을 읽고 녹음하지는 않습니다. 책의 일부는 진짜 사람이 읽고 나머지는 이들의 목소리를 학습한 인공지능에 의해 합성된 목소리가 읽어주는 것이지요. 그러나 독자들은 어디까지가 유명인의 목소리이고 어디까지가 인공지능의 목소리인지 구분할 수 없습니다. 따라서 네이버와 같이 인공지능을 통해 합성된 부분에 대해서는 정확히 밝혀주는 것이 서비스 이용자들에게 도움이 될 것입니다.[40]

마지막으로 환경 이야기를 해보고 싶습니다. 인공지능 개발과 환경이라 언뜻 그 관계가 떠오르지 않을 것입니다. 그러나 인공지능 기술 개발은 환경에 피해를 줄 수 있습니다. 자연어 처리를 위한 AI 모델을 하나 만드는 데 272톤의 이산화탄소를 배출할 수 있다는 사실이 밝혀지면서 인공지능 개발은 환경과도 직결되는 문제로 떠오르게 되었습니다.[41] 인공지능 개발을 위해서는 어마어마한 양의 데이터가 필요한데 이를 저장하고 관리하는 대규모 데이터 센터에서도 많은 전기가 필요하고, 인공지능이 알고리즘을 계산할 때 역시 슈퍼컴퓨터가 필요로 하는 전기의 양이 방대합니다. 자율주행 자동차 또한 많은 환경 문제를 야기합니다. 자율주행 자동차가 계속해서 환경과 상호작용하며 계산 결과를 송수신하기 위해선 차에 서버가 장착되어야 하는데 이는 많은 전력량을 필요로 하기 때문입니다. 자율주행 자동차 서버가 소비하는 전력량은 약 5천 와트로 이는 37제곱

---

40 테크플러스(2021. 7. 27.). 딥페이크도 좋지만 지킬 건 있다. https://m.blog.naver.com/tech-plus/222447306206

41 허유선, 이연희, 심지원. (2020). 『왜 윤리인가: 현대 인공지능 윤리 논의의 조망, 그 특징과 한계』, 인간·환경·미래 (24)

미터 넓이의 방에 난방을 할 수 있는 정도라고 알려져 있습니다.[42] 따라서 이러한 문제에 대한 다양한 해결책이 강구되고 있습니다. 구글은 전기 공학 기술자들을 오랜 기간 투입해 최대한 전기를 아끼며 기술을 개발하는 방법을 연구하고 또 딥러닝 기술을 투입해 기존 전기량의 15퍼센트를 절감하였습니다.[43] 마이크로소프트는 데이터센터를 바다에 넣어 데이터 입출력과 계산에 필요한 전력을 조력과 파력으로 조달하고 서버의 열을 식힐 때에도 차가운 바닷물을 이용해 자연 냉각으로 하는 등 탄소 절감에 힘쓰고 있습니다.[44]

---

42 메러디스 브루서드. (2018). 『페미니즘 인공지능』

43 김명락. (2020). 『이것이 인공지능이다』, 슬로디미디어

44 조선일보(2021.7.9.). 탄소 줄이려…MS는 데이터센터를 바다에 넣었다. https://url.kr/zmtga8

Chapter 06

집에서
체험하는
간단한
인공지능

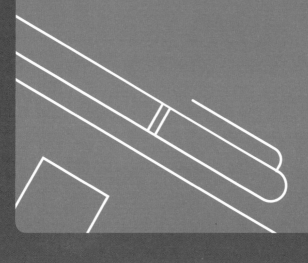

어느덧 책의 마지막 장입니다. 이번 장에서는 앞에서 다루었던 인공지능을 직접 경험하고 공부해볼 수 있는 여러 가지 프로그램에 대해 소개하려 합니다. 인공지능을 체험할 수 있는 간단한 앱부터 인공지능 코딩 프로그램, 온라인 교재 및 영상 등 인공지능 교육 콘텐츠가 점점 늘어나고 있어 조금만 관심을 갖고 찾아보면 집에서도 얼마든지 인공지능을 공부할 수 있습니다.

또한 대부분의 콘텐츠가 초등 중학년부터 성인까지 쉽게 활용할 수 있도록 되어 있어 접근성도 높은 편입니다. 이러한 자료들을 잘 활용하여 인공지능에 관심과 흥미를 가지고 적극적으로 탐구하는 계기가 되길 희망합니다.

인공지능을
체험할 수 있는
사이트

여기에 소개하는 대부분의 프로그램은 크롬 브라우저에서 원활히 작동

하므로 프로그램이 제대로 실행되지 않을 시 브라우저를 점검해보길 바

랍니다.

 **퀵 드로우**

https://quickdraw.withgoogle.com

사용자가 그림의 일부만 그려도 인공지능이 정답을 맞히는 이미지 인식 프로그램입니다. 전 세계 사람들이 그린 그림을 인공지능이 기계 학습하여 그림의 일부만 보고도 이미지를 쉽게 인식할 수 있습니다. 홈페이지 메인 화면의 '세계 최대의 낙서 데이터 세트'를 클릭하면 전 세계인이 그린 수만 건의 그림을 직접 눈으로 확인할 수 있습니다. 인공지능이 빅데이터를 기반으로 학습하여 이미지를 인식하는 원리를 직관적으로 확인할 수 있고 재미있어 학생들이 좋아하는 프로그램입니다.

오토드로우

https://www.autodraw.com

사용자가 그림의 일부를 그리면 인공지능이 사용자의 의도를 이해하고 이에 맞는 추천 그림을 상단에 제시해줍니다. 인공지능의 도움을 받아 그림을 잘 그리지 못하는 사람들도 멋진 그림을 완성할 수 있습니다. 오토드로우에서 그린 그림을 다운로드하여 PPT 등에 삽입할 수 있어 발표 자료 등을 만드는 데에 활용할 수 있습니다. 인공지능의 이미지 인식 원리를 이해할 수 있고 인공지능을 활용해 작품을 만들 수도 있어 유용한 프로그램입니다.

🖋 티처블 머신

https://teachablemachine.withgoogle.com

사진, 소리, 자세를 직접 인공지능에게 학습시킨 뒤 그 결과를 확인할 수 있는 프로그램입니다. 또한 별도의 코딩 없이 티처블 머신을 통해 학습시킨 내용을 파일로 다운로드해 코딩 로봇에 연동할 수 있습니다. 기본적인 기계 학습 과정을 체험해볼 수 있고 인공지능을 활용한 로봇이나 기계를 만들 때 직접적으로 활용 가능하여 매우 유용한 도구입니다.

머신러닝 포 키즈

https://machinelearningforkids.co.uk/#!/welcome

티처블 머신의 어린이 버전이라고 생각하면 되겠습니다. 이미지, 소리 등을 학습시켜 간단한 인공지능을 만들어볼 수 있는 프로그램입니다. 학습한 모델은 바로 스크래치에서 사용할 수 있습니다. 다양한 워크시트와 해당 결과물에 사용된 블록 코드를 제공하여 혼자서도 쉽게 인공지능을 공부할 수 있도록 도와주는 사이트입니다.

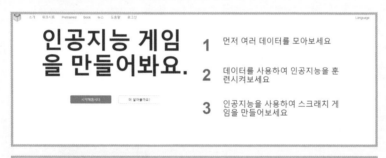

📖 에이 아이 포 오션즈

https://code.org/oceans

  기계학습(머신러닝)의 원리를 간단하고 직관적으로 이해할 수 있는 프로그램입니다. 화면에 제시된 바닷속 각종 쓰레기와 물고기 그림을 보며 사용자는 이것이 쓰레기인지 물고기인지 인공지능에게 알려줍니다. 이러한 사용자의 응답을 토대로 인공지능이 데이터를 학습하여 추후에 제시된 쓰레기와 물고기 그림을 보고 스스로 판단할 수 있습니다. 이와 더불어 사용자가 잘못된 데이터를 주었을 때 인공지능이 어떻게 잘못된 판단을 내리는지 확인할 수 있어 인공지능 윤리 문제를 다룰 때에도 적합한 프로그램입니다.

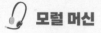
모럴 머신

https://www.moralmachine.net/hl/kr

인공지능 윤리 문제를 다룰 때에 사용되는 대표적인 프로그램입니다. 자율주행 자동차가 주행 중 어떤 판단을 내려야 하는지 사회적 인식을 수집하기 위한 플랫폼입니다. 문항을 클릭하면 각종 상황이 제시되고 각 상황마다 탑승자와 보행자, 혹은 어떠한 특징을 지닌 탑승자 또는 보행자를 구해야 하는지 선택하도록 되어 있습니다. 이러한 사람들의 응답을 학습히여 자율주행 자동차가 학습하게 되며 따라서 사람들의 응답이 매우 중요한 요소로 작용할 수 있음을 이해하는 데 도움을 주는 프로그램입니다. 데이터 윤리와 관련하여 유용하게 활용될 수 있습니다.

구글 요한 제바스티안 바흐 기념

https://www.google.com/doodles/celebrating-johann-sebastian-bach

구글 검색창에 '두들 바흐'를 입력하면 해당 사이트로 쉽게 이동할 수 있습니다. 바흐의 음악을 공부한 인공지능 프로그램입니다. 사이트 접속 후 자유롭게 멜로디를 입력하면 해당 멜로디를 바흐 풍의 곡으로 바꾸어줍니다. 인공지능의 생성신경망을 체험해볼 수 있으며 인공지능이 창작 활동에 어떻게 도움을 주는지 직접 느껴볼 수 있는 사이트입니다.

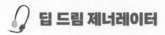

딥 드림 제너레이터

https://deepdreamgenerator.com/

기존의 이미지를 다양한 유명 화가의 화풍으로 바꾸어주는 인공지능입니다. 생성 신경망 알고리즘으로 구현된 인공지능의 결과를 생생하게 느껴볼 수 있습니다.

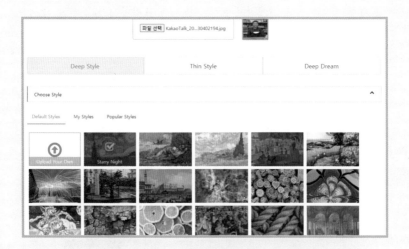

 **클로바 더빙**

https://clovadubbing.naver.com/

문자 텍스트를 음성으로 만들어주는 인공지능 프로그램입니다. 동영상에 전문가의 목소리, 또렷한 발음의 음성 등을 삽입하고 싶을 때 활용할 수 있습니다. 해당 장면에 넣고 싶은 음성을 텍스트로 입력하면 인공지능이 이를 인식하고 음성으로 바꾸어 동영상에 삽입해줍니다.

브루

https://vrew.voyagerx.com/ko/

영상의 음성을 인공지능이 인식하여 자동으로 자막을 만들어 주는 프로그램입니다. 영상에 일일이 자막을 적을 필요 없이 인공지능의 힘을 빌려 자동으로 자막을 입힐 수 있습니다. 한국어뿐 아니라 영어, 일본어, 스페인어 등의 자막도 지원하므로 특히 외국어 자막을 영상에 삽입해야 할 때 유용하게 사용할 수 있습니다.

🎓 네이버 데이터랩

https://datalab.naver.com/

데이터를 간단한 방식으로 체험해볼 수 있는 프로그램입니다. 사람들이 네이버에 검색했던 내용을 토대로 검색어 트렌드, 지역 통계, 댓글 통계 등을 살펴볼 수 있습니다. 기간별, 성별, 지역별, 시 간대별 등으로 검색량의 추이가 어떻게 변화했는지 등을 통해 데이 터의 흐름을 알 수 있고 데이터 분석을 연습해볼 수 있는 사이트입 니다.

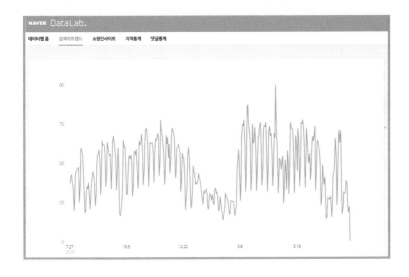

 **구글 트렌드**

https://trends.google.co.kr/trends/?geo=KR

네이버 데이터랩과 비슷한 기능을 제공하는 사이트이지만 구글에서 만든 사이트로 전 세계 사용자들의 검색어 동향을 살펴볼 수 있습니다. 지역별 데이터 비교는 물론 국가별 데이터 비교 및 분석까지 할 수 있는 사이트입니다.

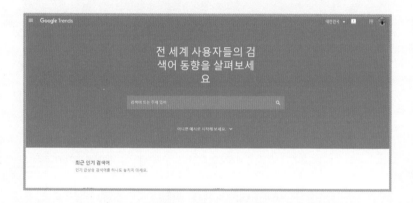

인공지능을
체험할 수 있는
앱

구글 아트 앤 컬처

https://artsandculture.google.com/

방대한 양의 미술 작품, 박물관 및 미술관 투어, 가상현실과 증강현실 콘텐츠를 다루고 있는 온라인 아카이브입니다. 무수히 많은 전시물들을 분류하여 카테고리화하는 데에 인공지능 기술이 적용되어 간접적으로 인공지능을 이해할 수 있을 뿐 아니라 인공지능을 직접 경험할 수 있는 콘텐츠도 다루고 있습니다. 플랫폼 중앙의 카메라 버튼을 누르면 인공지능과 관련된 여러 가지 메뉴를 살펴볼 수 있습니다. 내가 촬영한 사물의 색과 비슷한 작품을 검색하는 기능, 셀피를 찍어 나와 비슷한 자화상의 작품을 찾는 기능, 딥 드림 제너레이터와 같이 내가 가진 이미지를 명화 풍으로 바꿔보는 등의 콘텐츠를 예로 들 수 있습니다. 최근에는 '블롭(Blob)'이라는 메뉴가 추가되었습니다. 오페라를 기계학습한 캐릭터를 이리저리 움직이며 나만의 오페라를 만들어보는 기능입니다. 구글 아트 앤 컬처는 PC로도 접속이 가능하나 카드보드를 활용해 증강현실과 가상현실 콘텐츠를 체험하고 앞서 언급한 셀피 기능 등을 활용하기 위해선 모바일로 접속하는 것을 추천합니다. 또한 모바일, PC 모두 다소 번역이 매끄럽지 않은 부분은 있으나 한국어로도 이용할 수 있습니다.

 **클로바 노트**

    음성을 인식하여 음성 파일을 텍스트로 바꾸어주는 앱입니다. 대화를 자동으로 전사해 주는 앱이라고 할 수 있지요. 여러 명이 대화하는 경우에도 대화자 별 목소리를 각각 인식하여 모두 문자 언어로 바꾸어줍니다. 음성 인식의 정확도 역시 높은 편입니다. 전사가 필요한 경우 매우 유용하게 사용할 수 있는 앱입니다. 또한 글쓰기가 어려운 경우 언어로 녹음한 뒤 이를 다듬어 글로 고치는 방법 등을 통해 최근 교육 현장에서는 글쓰기 교육에서도 사용하고 있습니다.

🎧 파파고

대중화된 유명한 인공지능 앱 중 하나입니다. 음성, 대화, 이미지 속 문자를 인공지능이 인식하여 번역해주는 앱입니다. 외국인과 대화할 때나 외국어로 된 간판이나 메뉴판 등을 번역해야 하는 등 생활에서 자주 활용할 수 있는 앱입니다. 번역 정확도 또한 높은 편입니다.

구글 포토

인공지능이 사진 속 이미지들의 특징을 인식한 뒤 자동으로 분류하는 앱입니다. 인공지능이 인물별, 사물별, 장소별 등으로 사진을 분류하여 뒤죽박죽 정렬되어 있는 방대한 사진 속에서 필요한 사진을 쉽게 불러올 수 있습니다.

콴다

수학 공부를 도와주는 인공지능 앱입니다. 수학 문제집이나 교과서 등을 공부하다가 모르는 문제가 있을 때 앱을 실행하여 촬영합니다. 인공지능이 문제를 인식하고 이와 동일하거나 유사한 문제의 풀이를 제공합니다. 문제 풀이는 문자로 확인 가능함은 물론 동영상 풀이도 함께 제공합니다. 더불어 이와 유사한 문제도 함께 제공하여 비슷한 유형의 문제를 연습할 수 있습니다.

🎓 각종 페이스 앱

모바일에 '페이스 앱'이라고 검색어를 입력하면 인공지능 기술을 적용한 각종 앱들이 등장합니다. 사진 속 얼굴을 인식하여 성별, 연령을 바꾸어주는 앱부터 움직이는 영상 속 인물을 나의 얼굴로 바꾸어주는 앱까지 종류가 다양합니다. 이러한 앱들을 통해 인공지능의 생성신경망을 체험할 수 있으며 인공지능 윤리 부분에서 다루었던 가짜 정보에 대해 대화를 나눌 수도 있습니다.

인공지능
코딩
프로그램

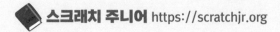

스크래치 주니어 https://scratchjr.org

터프츠(Tufts) 대학의 엘리엇-피어슨 아동 연구 및 인간 개발부의 기술 개발(DevTech) 연구 그룹과 MIT 미디어랩의 평생 유치원 그룹, 플레이풀 인벤션 컴퍼니(Playful Invention Company) 간의 공동 연구의 산물로 가장 기본적이며 간단한 코딩 프로그램입니다. 본격적인 블록 코딩에 들어가기에 앞서 코딩이 무엇인지 이해하고 감을 익힐 수 있는데 좋습니다. 초등 저학년부터 초등 고학년까지 할 수 있으며 PC뿐 아니라 패드에서도 쉽게 활용할 수 있습니다. 패드로 사용 시 자신의 얼굴을 촬영하여 자신의 모습이 담긴 캐릭터를 만들 수 있고 쉽게 음성 녹음도 할 수 있어 유용한 프로그램입니다.

스크래치 https://scratch.mit.edu/

스크래치 주니어의 고급 버전입니다. 초등 중학년 이상부터 성인까지 난이도를 조정하며 코딩 연습을 할 수 있습니다. MIT에서 개발한 교육용 프로그래밍 언어로 블록 코딩의 조상 격이라고 할 수 있는 프로그램입니다. 머신러닝 포 키즈와 연동되어 인공지능 블록을 사용할 수 있습니다.

엔트리 https://playentry.org/

네이버에서 만든 국내 블록 코딩프로그램입니다. 블록코딩은 스크래치든 엔트리든 사용 방법 및 기능이 거의 비슷하여 자신에게 편한 도구를 사용하는 것을 추천합니다. 이미지 인식, 음성 인식 등 인공지능 블록을 활용하여 코딩할 수 있어 간단한 인공지능 프로그램도 만들 수 있습니다. 마이크로비트 등 다양한 물리적 교구를 연결할 수 있어 피지컬 컴퓨팅을 경험하기에도 유용합니다.

코스페이시스 https://cospaces.io/edu/

간단한 조작으로 AR과 VR 콘텐츠를 만들 수 있는 프로그램입니다. PC와 스마트폰, 패드로 작업이 가능하나 완성된 작품을 확인할 때엔 카드보드와 스마트폰을 사용하는 것이 좋습니다. 코스페이시스의 메뉴 중 '코블록스' 부분이 코딩을 이용하는 부분입니다. 이역시 블록 형태로 되어 있어 쉽게 조작할 수 있습니다. 유료와 무료 버전이 있으나 무료 버전만으로 작품을 만드는 데에 무리가 없습니다. 코딩으로 작업한 결과물을 VR과 AR로 직접 확인할 수 있어 아이들이 좋아하는 프로그램입니다.

인공지능 공부에
도움이 되는
사이트

소프트웨어야 놀자

https://www.playsw.or.kr/main

인공지능과 관련된 영상을 시청할 수 있고 인공지능 공부에 필요한 교재도 다운로드할 수 있는 사이트입니다. 아이들의 눈높이에 맞는 쉬운 설명의 질 좋은 영상을 제공하여 인공지능 수업에 자주 활용되고 있습니다. 직접 인공지능 교육도 실시하고 있으니 일정을 수시로 확인하여 참여해 보는 것도 추천합니다.

 **SW중심 사회**

https://www.software.kr/um/main.do

소프트웨어 교육, 인공지능과 관련된 각종 자료를 살펴볼 수 있는 사이트입니다. 메인화면의 '교육정보' 메뉴를 클릭하면 각종 SW교재, 교육 영상을 확인할 수 있습니다. 특히 교재 부분을 추천하고 싶은데 학교급, 학년군별로 다양한 교재를 제시하고 있어 연령대에 맞는 교재를 선택해 활용할 수 있습니다.

🎓 **부산교육청 콕찝 AI**

https://www.pen.go.kr/open/index.pen?menuCd=DOM_0
00000601012001000&pnId=6635

    포털 검색창에 '부산교육청 콕찝 AI'로 검색하면 위와 같은 주소의 페이지를 확인할 수 있습니다. 페이지 하단 '내용' 부분에 제시된 URL을 주소창에 복사 붙여넣기 하여 '콕찝 AI' 교재 1권~4권을 다운로드할 수 있습니다.

형태사항	책자
공개여부	공개
저작물 이용동의	동의
공공누리 유형	제4유형 : 출처표시 + 상업적 이용금지 + 변경금지
내용	'콕찝AI' 콕 찝어서 살펴보는 인공지능 교육(ISBN 취득한 책자)pdf 다운로드 URL -1권('인공지능과 교육'): http://webdisk.busanedu.net:8081/api.link/3d_baL8MH77eROYJ_w~~.pdf -2권('인공지능으로 가르치고 배우기'): http://webdisk.busanedu.net:8081/api.link/3d_baL8MH7HeQOcJ_w~~.pdf -3권('인공지능 리터러시'): http://webdisk.busanedu.net:8081/api.link/3d_baL8MH7DeQOQJ_w~~.pdf -4권('데이터과학과 인공지능 교육'): http://webdisk.busanedu.net:8081/api.link/3d_baL8MHrneQOUJ_w~~.pdf
발간번호	부산교육2020-183

※ 저작물 이용은 발간부서와 협의바랍니다.

목록

대구교육포털 에듀나비

https://edunavi.kr/sw/board.do?menuId=816

대구교육청에서 운영하는 소프트웨어 교육 지원 사이트로 소프트웨어와 관련된 각종 교재를 다운로드할 수 있습니다. 각종 인공지능 수업, 로봇 수업에 관한 자료를 살펴볼 수 있어 이를 참고해 인공지능을 공부할 수 있습니다.

한국교육학술정보원

https://www.keris.or.kr/main/ad/pblcte/selectPblcteETC
List.do

학교급별로 인공지능 교육을 실시하는 데 도움이 되는 교사용
교재를 제공하고 있습니다. 교사뿐 아니라 학부모 역시 자료를 다운
로드할 수 있어 가정에서 아이들과 함께 살펴보며 인공지능을 공부
하는 데 참고할 수 있습니다.

인공지능을
더 공부하고
싶을 때
도움이 되는 책

- **KAIST 김진형 교수에게 듣는 AI 최강의 수업** (매일경제신문사)

  인공지능에 대해 가장 쉽고 명확하게 설명해놓은 책이라고 생각합니다. 본격적으로 기술을 다룬 책을 읽기 전 인공지능에 대해 기초 소양을 쌓고 싶다면 이 책으로 입문하는 것을 추천합니다.

- **만화로 배우는 인공지능** (비전코리아)

  만화로 되어 있지만 결코 가볍지만은 않은 책으로 인공지능에 대해 쉽게 풀어 쓰고 있습니다. 인공지능에 대해 다룬 책을 읽은 뒤 이 책을 읽으며 인공지능에 대한 개념을 다시 한 번 정리하기에 좋습니다.

- **세상을 읽는 새로운 언어, 빅데이터** (21세기북스)

  빅데이터와 데이터과학에 대해 자세하고 재미있게 풀어 쓴 책입니다. 데이터 분석 과정을 자세히 설명하고 있어 이를 통해 인공지능이 데이터 분석에 어떻게 활용되는지 이해할 수 있으며 이 책을 통해서도 인공지능에 대한 이해를 심화할 수 있습니다.

- **1년 안에 AI 빅데이터 전문가가 되는 법** (반니)

  앞으로 데이터과학자가 왜 유망한 직종인지 본인의 경험담을 바탕으로 설명해 놓은 책입니다. 자녀의 진로를 설계할 때 도움이 될 수 있습니다. 한편 이 책을 통해서도 인공지능을 활용한 데이터 분석이 어떻게 이루어지는지 알 수 있으며 자신이 데이터 과학을 공부한 과정을 자세히 소개하고 있어 이에 대한 정보를 얻을 수 있습니다.

- **어린이도 부모님도 알아야 할 코딩하기 전 코딩책 (동아시아 Science)**

  얇은 어린이용 도서이지만 부모가 함께 읽어도 좋습니다. 컴퓨터의 구조, 컴퓨터의 언어, 코딩의 개념 등 기초적인 내용을 쉽게 설명하고 있습니다. 이를 통해 컴퓨터의 내부가 어떻게 구성되어 있으며 어떠한 원리로 작동하고 어떤 언어를 사용하는지 등 컴퓨터에 관한 기초적인 내용을 이해할 수 있습니다.

- **대량살상 수학무기 (흐름출판)**

  인공지능이라는 기술에 대해 균형 잡힌 시각을 제공하는 책입니다. 인공지능을 책임감 없이 활용했을 때 어떤 무기가 될 수 있으며 이로 인해 어떤 부정적 효과가 극대화되는지를 실제 사례를 들어 흥미롭게 서술하고 있습니다. 기술지향적인 태도를 벗어나 어떻게 인공지능을 객관적으로 바라보고 활용해야 할지 지침을 주는 책입니다.

1. 미래, 제대로 알고 교육하시나요?

- 한기순, 안동근. (2018). 『미래사회 핵심역량 개념의 네트워크 구조 탐색』, 영재교육연구 제28권 제3호

- 설연경. (2020). 『'변혁적 역량기반' 미래지향적 교육설계 방안』, 교양교육연수 제14권 제3호

- 이혜정, 임상훈, 강수민. (2019). 『4차 산업혁명 시대 대학교육 혁신 방안 탐색: 미네르바스쿨 사례를 중심으로』, 평생학습사회 제15권 제2호

- 김용성. (2019). 『국제비교를 통해 본 우리나라 인적역량의 현황과 제고 방향: 문제해결 능력을 중심으로』, 사회과학연수 제45권 제3호.

- 서용석, 노철현. (2019). 『서울교육대학교 핵심역량 교육과정 개발을 위한 기초연구: 국가교육과정과의 연계 방안을 중심으로』, 서울교육대학교 한국초등교육 제30권 제4호

- 황주영, 이규녀, 박기문, 최지은. (2021). 『4년제 대학 교육목표에 기초한 전공영역에서의 공통 핵심역량(전공역량)도출』, 대학공업교육학회지 제46권 제1호

- 권선아, 김한나, 이수영. (2019). 『텍스트마이닝 방법론을 활용한 미래교육 키워드 분석』, Asia-pacific Journal of Multimedia Services Convergent with Art, Humanities, and Sociology 제9권 제5호

- 김용성. (2019). 『국제비교를 통해 본 우리나라 인적 역량의 현황과 제고 방향』, Journal of Social Sience 제45권 제3호

- 송정범. (2020). 『초등학교 저학년 대상 인공지능 도구 활용 STEAM 교육 프로그램 개발』, 한국디지털콘텐츠학회 논문지 제21권 제12호

- 장연주, 김성훈, 최승윤, 정희석, 김현설. (2020). 『AI의 5가지 빅 아이디어에 따른 해외 인공지능 교육과정 분석』, 한국컴퓨터교육학회 학술발표대회논문집 제24권 제2(A)호

- 강승한. (2020). 『언텍트에 따른 대학의 비대면 학습을 위한 참여적 커뮤니케이션 방안 연구』, 예술과 미디어

- 김갑수, 박영기. (2017). 『초등학생의 인공지능 교육을 위한 교수 학습 모델 개발 및 적용』, 정보교육학회논문지 제21권 제1호

- 이승철, 김태영. (2020). 『초등학생을 위한 인공지능 교육 내용 및 방법 제안』, 한국컴퓨터교육학회 학술발표대회논문집 제24권 제1호

- 김송주, 박광렬. (2020). 『초등교육과정 기반의 인공지능 기본학습 콘텐츠 개발』, 한국실과교육학회지 제33권 제4호

- 김진수, 박남제. (2019). 『초등과정 인공지능 학습원리 이해를 위한 보드게임 기반 게이미피케이션 교육 실증』, 정보교육학회논문지 제23권 제3호

- 전인성, 송기상. (2020). 『수요자 요구분석 기반의 맞춤형 인공지능융합교육 과정 연구』, 컴퓨터교육학회논문지 제23권 제5호

- 이은경. (2020). 『국내외 초·중등학교 인공지능 교육과정 분석』, 컴퓨터학회논문지 제23권 제1호

- 이성혜. (2020). 『디자인씽킹 프로세스 기반의 인공지능(AI) 교육 프로그램 적용 효과분석』, 컴퓨터학회눈문지 제23권 제4호

- 김수환, 김성훈, 이민정, 김현철. (2020). 『K-12 학생 및 교사를 위한 인공지능 교육에 대한 고찰』, 컴퓨터학회논문지 제23권 제4호

- 신동조. (2020). 『초·중등교육에서 인공지능: 체계적 문헌고찰』, 수학교육학연구 제30권 제3호

- 엄효진, 이명진. (2020). 『인공지능(AI) 기반 지능정보사회 시대의 노동시장 변화: 경제사회학적 접근을 중심으로』, 정보사회와 미디어 제21권 제2호

- 이영희, 윤지현. (2020). 『교육주체 및 국내·외 교육전문가의 FGI를 통한 미래교육 방향 탐색』, 교육문화연구 제26권 제3호

- 김은비, 정홍인, 김대영, 변기용, 임철헌, 최지수, 조대연. (2020). 『미래인재양성 방향모색을 위한 교육정책 연구』 교육문화연구 제26권 제6호

- 손상희. (2019). 『4차 산업혁명 대비 디자인 미래인재 핵심역량 탐색 연구』, 한국디자인문화학회지 제25권 제2호

- 손승남. (2020). 『AI시대 교양기초교육의 교수학적 재음미』, 교양교육연구 제14권 제4호

- 서울특별시교육청 교육혁신과. (2021). 『AI 기반 융합 혁신미래교육 중장기 발전 계획['21~'25]』

- 관계 부처 합동. (2020). 『인공지능시대 교육정책방향과 핵심과제: 대한민국의 미래 교육이 나아가야 할 길』

- 과학기술정보통신부, 한국과학창의재단. (2021). 『2021년 인공지능[AI]교육 교사연구회 운영 및 공모계획 참고 문서1. 초·중등 인공지능 교육 내용 기준』

- 메일진. (2021). 『각국의 인공지능(AI) 융합교육 현황과 시사점』, 해외교육동향 제396호

- 유튜브(2017.12.02). 세상에 없던 대학 미네르바. https://youtu.be/mC4SJaL7vdA

2. 생활 속 인공지능

- 설연경. (2020). 『변혁적 역량기반' 미래지향적 교육설계 방안』, 교양교육연수 제14권 제3호

- 김송주, 박광렬. (2020). 『초등교육과정 기반의 인공지능 기본학습 콘텐츠 개발』, 한국실과교육학회지 제33권 제4호

- 이진희. (2019). 『상상이 현실로- AI 마케팅의 변화』, 한국컴퓨터정보학회논문지 제24권 제12호

- 김상현, 강영훈, 윤달환. (2020). 『AI 및 IOT 기반의 생활 폐기물 모니터링 시스템 구현』, 전기전자학회논문지 제24권 제1호

- 선종수. (2020). 『경찰의 인공지능 로봇 활용』, 동아법학 제89권

- 김길수. (2019). 『공공부문에서 인공지능 활용에 관한 연구』, 한국자치행정학보 제33권 제1호

- 김영준, 한은, 황혜경, 안영상, 신지태. (2019). 『인공지능 기반 식생활 습관 개선 다이어트 애플리케이션』, 한국통신학회논문지 제44권 제8호

- 전웅렬. (2020). 『딥러닝을 활용한 대학생활 부적응자 조기 예측 프로그램 개발』, Journal of Information Technology and Architecture 제17권 제1호

- 김정배. (2019). 『포스트휴먼 시대의 글쓰기 교육 방안 - '스피치 노트' 애플리케이션의 활용을 중심으로』, 열린정신 인문학연구 제20권 제3호

- 미야케 요이치로. (2020). 『인공지능과 테크놀로지』, 성안당

- 한선관, 류미영, 김태령. (2021). 『AI사고를 위한 인공지능 교육』, 성안당

- 박영숙, 제롬 글렌. (2020). 『세계미래보고서 2035-2055』, 교보문고

- 매일경제(2021.2.26.). "당신에게 딱 맞는 치료법은요"…로봇의사, 단 7초만에 진단 끝냈다. https://www.mk.co.kr/news/it/view/2021/02/192737/

- 헬스조선(2019.8.21.). 가천대길병원, 인공지능 의사 '왓슨' 현지화 나선다. https://health.chosun.com/site/data/html_dir/2019/08/21/2019082100747.html

- DATANET(2019.11.13.). MS, 클라우스·AI기술로 화상 상처 원격 상담 지원. http://www.datanet.co.kr/news/articleView.html?idxno=139203

- 중앙일보(2021.3.29.). "이제 가상체육관서 요가 배워요"…코로나 길어지자 '홈트'도 진화. https://news.joins.com/article/24023115

- 중앙일보(2018.4.21.). 13억 얼굴 3초 내 인식…'빅브라더' 중국의 무서운 AI 기술. https://news.joins.com/article/22556103

- G글로벌경제신문(2019.1.4.). 日, 아동 학대 보호에 인공지능 활용. https://www.getnews.co.kr/news/articleView.html?idxno=107917

- 동아사이언스(2020.7.3.). "AI가 범죄 연결성 찾아내 꽁꽁 숨은 익명 범죄자까지 찾아낸다". https://news.v.daum.net/v/20200703191943412

- 한국기계연구원(2019.12.9.). AI로 지하철 화재 안전 대피 돕는다. https://www.kimm.re.kr/sub0504/view/id/17738#u

- 서울시 행정상담 전문기관 120다산콜센터(2020.2.3.) 어떤 책 읽을까? AI추천 '플라이북'에게 물어봐! https://blog.naver.com/120seoulcall/222128990489

- 조선비즈(2020.12.8.). '결혼 기피' 심각한 日, 인공지능 중매 서비스에 국비 200억원 투입. https://biz.chosun.com/site/data/html_dir/2020/12/08/2020120801978.html

- ZDNetKorea(2018.5.29.). 3분 안에 음식 제공한 로봇 레스토랑 '스파이스'. https://zdnet.co.kr/view/?no=20180529101358

- 연합뉴스(2020.10.8.). AI 작곡가가 만든 곡으로 신인가수 데뷔…"세계 최초" https://www.yna.co.kr/view/AKR20201008040200054

- 매일경제(2020.4.28.). 엔씨-연합뉴스, 국내 첫 AI 기사 선보여... 알파고에 쓴 기술 적용.
  https://www.mk.co.kr/news/it/view/2020/04/438463/
- 미디어파인(2020.10.8.). 마케팅도 광고도 이젠 AI 카피라이터. http://www.mediafine.
  co.kr/news/articleView.html?idxno=8623
- DAILY POP(2021.7.12.). 생활 깊숙이 침투한 '인공지능', 미디어가 내 취향을 아는 방법.
  http://www.dailypop.kr/news/articleView.html?idxno=52198

3. 인공지능은 어떻게 문제를 해결하나요?

- 류미영, 한선관. (2019). 『딥러닝 개념을 위한 인공지능 교육 프로그램』, 정보교육학회논문지
  제23권 제6호
- 한선관. (2021). 『인공지능 개념과 알고리즘 학습을 위한 교육 콘텐츠』, 한국컴퓨터정보학회
  논문지 제26권 제1호
- 미야케 요이치로. (2020). 『인공지능과 테크놀로지』, 성안당
- 김명락. (2020). 『이것이 인공지능이다』, 슬로디미디어
- 오니시 가나코. (2019). 『가장 쉬운 AI 입문서』, 아티오
- 서대호. (2020). 『1년 안에 AI 빅데이터 전문가가 되는 법』, 반니
- 한선관, 류미영, 김태령. (2021). 『AI사고를 위한 인공지능 교육』, 성안당
- 한선관, 류미영, 김태령, 고병철, 서정원. (2020). 『놀랍게 쉬운 인공지능의 이해와 실습』, 성안당
- 한선관, 홍수빈, 김영준, 김병철, 정기민, 안성민. (2020). 『AI사고를 위한 인공지능 랩』, 성안당
- 조성준. (2019). 『세상을 읽는 새로운 언어, 빅데이터』, 21세기북스
- 김진형. (2020). 『AI 최강의 수업』, 매일경제신문사
- 미야케 요이치로. (2017). 『만화로 배우는 인공지능』, 비전코리아
- 박준석, 오정석. (2021). 『코딩하기 전 코딩책』, 동아시아사이언스
- 김현철, 김수환. (2020). 『처음 떠나는 컴퓨터과학 산책』, 생능출판
- 애플경제(2021.3.2.) 매개변수 1조개 초대형AI 개발 중... '인간 뉴런' 모방?. https://m.blog.
  naver.com/applenews7/222261873207

4. 인공지능 공부, 어떻게 하면 좋을까요?

- 이중원. (2019). 『인공지능시대 인문학의 새 화두들』
- 양해림. (2018). 『4차 산업혁명의 시대, 인문학의 미래와 전망』, 충남대학교 인문과학연구소
  학술대회

- 김일환. (2019). 『인문학을 위한 신문 빅 데이터와 텍스트 마이닝』, 어문론집 78
- 박충식. (2019). 『"인공지능은 인문학이다": 구성적 정보 철학적 관점에서』, 철학탐구 56
- 김영민. (2021). 『인공지능과 인문정신: 디지털 시대의 인문학의 대중화』, 동서비교문학저널 55
- 강응섭, 백승희. (2019). 『인공지능이 따라지 못할 인문학적 뇌와 인간의 양면성 (창조성과 한계)에 도전하는 인공지능』, 현대정신분석 제21권 제2호
- 관계 부처 합동. (2020). 『인공지능시대 교육정책방향과 핵심과제: 대한민국의 미래 교육이 나아가야 할 길』
- 이지성. (2020). 『에이트』, 차이정원
- 서대호. (2020). 『1년 안에 AI 빅데이터 전문가가 되는 법』, 반니
- 김명락. (2020). 『이것이 인공지능이다』, 슬로디미디어
- 황정인, 이은정. (2019). 『AI 시대, 내 아이를 위한 수학 티칭』, RAONBOOK
- 조선일보. (2019.11.11.). AI 시대, 수학 실력이 최고의 경쟁력이다. https://www.chosun.com/site/data/html_dir/2019/11/11/2019111100009.html
- news1뉴스. (2021.3.11.). AI 시대 필요한 '벡터·행렬' 빠진 교육 과정…"쉬운 교육 능사 아니다". https://www.news1.kr/articles/?4238450

5. 인공지능을 둘러싼 윤리적 쟁점들

- 김영례. (2018). 『인공지능 시대에 있어서 인간에 대한 철학적 성찰』, 철학논총 91
- 고학수, 박도현, 이나래. (2020). 『인공지능 윤리규범과 규제 거버넌스의 현황과 과제』, 경제규제와 법 제13권 제1호
- 허유선, 이연희, 심지원. (2020). 『왜 윤리인가: 현대 인공지능 윤리 논의의 조망, 그 특징과 한계』, 인간·환경·미래 (24)
- 양해림. (2018). 『4차 산업혁명의 시대, 인문학의 미래와 전망』, 충남대학교 인문과학연구소 학술대회
- 이중원. (2019). 『인공지능시대 인문학의 새 화두들』
- 박남기. (2020). 『인공지능과 윤리적 이슈』, 언론정보연구 제57권 제3호
- 김효은. (2019). 『인공지능과 윤리』, 커뮤니케이션북스
- 메러디스 브루서드. (2018). 『페미니즘 인공지능』
- 조성준. (2019). 『세상을 읽는 새로운 언어, 빅데이터』, 21세기북스
- 캐시오닐. (2016). 『대량살상 수학무기』, 흐름출판
- 레이커즈와일. (2012). 『마음의 탄생』, 크레센도
- 인스타즈(2016.12.12.). 여권 로봇, 아시아계 뉴질랜드인 여권 발급 거부. https://www.instiz.net/pt/7000755

- 이투데이(2021.7.6.). 제2의 '이루다' 사태 막자...삼성전자, 'AI윤리 교육' 공식 도입. https://www.etoday.co.kr/news/view/2042179
- IT DAILY(2020.7.6.). 빼앗긴 들에도 봄은 오는가? 인공지능의 민주화를 위하여. http://www.itdaily.kr/news/articleView.html?idxno=101795
- 헤럴드경제(2021.7.3.). "아무리 봐도 진짜?"...유명 아나운서 정체는. http://news.heraldcorp.com/view.php?ud=20210703000071
- 매일경제(2021.7.17.). 샤넬 루이비통 명품 모델 '싹쓸이'...연 140억 버는 미친 존재감. https://www.mk.co.kr/news/it/view/2021/07/688436/
- 조선일보(2021.7.9.). 탄소 줄이려...MS는 데이터센터를 바다에 넣었다. https://url.kr/zmtga8

6. 집에서 공부하는 간단한 인공지능

- 박찬, 전수연, 진성임 외. (2021). 『쉽게 따라하는 인공지능 FOR 클래스룸』, 다빈치books
- 반찬, 김병석, 전수연 외. (2020). 『우리 아이 AI』, 다빈치books
- 한선관, 류미영, 김태령 외. (2020). 『놀랍게 쉬운 인공지능의 이해와 실습』, 성안당
- 박찬, 김병석, 전은경 외. (2020). 『에듀테크 FOR 클래스룸』, 디빈치books
- 한선관, 홍수빈, 김영준 외. (2020). 『AI사고를 위한 인공지능 랩』, 성안당
- 한선관, 류미영, 정유진. (2020). 『AI 플레이그라운드』, 성안당
- 권세윤, 김미진, 신례진 외. (2021). 『스마트한 원격수업』, 성안당
- 창의콘텐츠연구소. (2021). 『코스페이시스 메이커』, 해람북스
- 한선관, 조현룡, 채다혜. (2019). 『스크래치 주니어 워크북』, 성안당
- 이영호. (2019). 『모두의 인공지능 with 스크래치』, 길벗

Foreign Copyright:
Joonwon Lee
Address: 3F, 127, Yanghwa-ro, Mapo-gu, Seoul, Republic of Korea
3rd Floor
Telephone: 82-2-3142-4151, 82-10-4624-6629
E-mail: jwlee@cyber.co.kr

한 발 앞선 부모는
인공지능을 공부한다

2022. 3. 8. 초 판 1쇄 인쇄
2022. 3. 15. 초 판 1쇄 발행

지은이 │ 이명희
펴낸이 │ 이종춘
펴낸곳 │ BM ㈜도서출판 **성안당**

주소 │ 04032 서울시 마포구 양화로 127 첨단빌딩 3층(출판기획 R&D 센터)
│ 10881 경기도 파주시 문발로 112 파주 출판 문화도시(제작 및 물류)

전화 │ 02) 3142-0036
│ 031) 950-6300

팩스 │ 031) 955-0510

등록 │ 1973. 2. 1. 제406-2005-000046호

출판사 홈페이지 │ www.cyber.co.kr

ISBN │ 978-89-315-5833-3 (03320)

정가 │ 16,000원

이 책을 만든 사람들

책임 │ 최옥현
기획 │ 조혜란
진행 │ 김해영
교정·교열 │ 김해영
본문·표지 디자인 │ 강희연
홍보 │ 김계향, 이보람, 유미나, 서세원
국제부 │ 이선민, 조혜란, 권수경
마케팅 │ 구본철, 차정욱, 나진호, 이동후, 강호묵
마케팅 지원 │ 장상범, 박지연
제작 │ 김유석

■ **도서 A/S 안내**

성안당에서 발행하는 모든 도서는 저자와 출판사, 그리고 독자가 함께 만들어 나갑니다.
좋은 책을 펴내기 위해 많은 노력을 기울이고 있습니다. 혹시라도 내용상의 오류나 오탈자 등이
발견되면 "좋은 책은 나라의 보배"로서 우리 모두가 함께 만들어 간다는 마음으로 연락주시기
바랍니다. 수정 보완하여 더 나은 책이 되도록 최선을 다하겠습니다.
성안당은 늘 독자 여러분들의 소중한 의견을 기다리고 있습니다. 좋은 의견을 보내주시는 분께는
성안당 쇼핑몰의 포인트(3,000포인트)를 적립해 드립니다.
잘못 만들어진 책이나 부록 등이 파손된 경우에는 교환해 드립니다.